D1725162

Ludwig Wagner • Aufbruch der Menschheit

Ludwig Wagner

Aufbruch der Menschheit

Geschichtsphilosophische Abhandlung

FRIELING

Die Deutsche Bibliothek – CIP-Einheitsaufnahme

Wagner, Ludwig

Aufbruch der Menschheit: Geschichtsphilosophische
Abhandlung / Ludwig Wagner. –
Orig.-Ausg., 1. Aufl. – Berlin: Frieling, 1995
(Frieling-Geisteswissen)
ISBN 3-89009-865-7

© Frieling & Partner GmbH Berlin
Hünefeldzeile 18, D-12247 Berlin-Steglitz
Telefon: 0 30 / 7 74 20 11

ISBN 3-89009-865-7
1. Auflage 1995
Sämtliche Rechte vorbehalten
Printed in Germany

Inhaltsverzeichnis

Einleitung   9

1. Regierungsformen der letzten
   zweitausend Jahre überholt   11

2. Geschichtliche Rechtfertigung
   im Hinblick auf die Lösungsvorschläge
   für Regierungsformen am Ende
   dieser Niederschrift   17

3. Die Regierungsformen
   der deutschen Geschichte   18

4. Die Regierungsformen
   der russischen Geschichte   48

5. Die Regierungsformen
   der amerikanischen Geschichte   63

6. Die Regierungsformen
   der chinesischen Geschichte   69

7. Die Regierungsformen
   der japanischen Geschichte   96

8. Fundamentale geistige
    Erneuerung der Menschheit   110

9. Fundamentale politische Systemveränderung 124

10. Das Neue der Ablösung:
    Die Bildung von Facharbeitsgemeinschaften 129

11. Der Mensch im Mittelpunkt
    allen Geschehens   137

12. Die Menschheit und ihr zukünftiges
    Bild einer Weltschau   146

13. Über das Christentum   156

14. Das Bild unserer Weltlage
    und ihre Konsequenzen   161

15. Die Menschheit –
    Aufbruch zu neuen Ufern   168

Literatur   188

Einleitung

Aus der Sorge um ein möglichst friedliches künftiges Überleben der Menschheit ist diese Niederschrift entstanden.

Der Mensch, sowie die gesamte Menschheit als solche, befindet sich ökonomisch sowie ökologisch und ethnisch auf einer Einbahnstraße, die bedrohlich auf einen Abgrund zuführt.

Die Niederschrift ist bewußt nicht angelegt um das Interesse eines etwa engeren, gezielten Kreises zu erwecken, sondern darüber hinaus auch an die breite Öffentlichkeit, dabei vornehmlich an die junge Generation gerichtet.

Auf die immer zwingender werdende Frage nach dem „Wie" ein friedliches Überleben der Menschheit nur möglich sein kann, stellt sich eine suchende Antwort als fundamentale Herausforderung.

Möge diese Niederschrift dazu beitragen, den Leser in jeder Hinsicht zu aktivieren und damit mitzuhelfen, unsere Welt in eine glücklichere Zukunft zu führen.

1.
Regierungsformen der letzten zweitausend Jahre überholt

Seit Menschengedenken steht unser Planet im Zeichen von Auseinandersetzungen ethnischer, rassischer, politischer und religiöser Art. Im Rückblick auf den menschlichen Evolutionsprozess, der schließlich vor etwa 200.000 Jahren den Homo-Sapiens, den vernunftbegabten Menschen hervorgebracht hat, stellt sich die zwingende Frage, ob dieser begabte Mensch wirklich ein Bild der Vernunft hinterlassen hat.

Um überzugehen auf den Sammelbegriff Menschheit, liegt doch nahe, daß die Denk- und Handlungsweise dieser Menschheit, im ganzen gesehen, sich als ein unvernünftiges Weltbild darstellt.

Im Grunde genommen hat sich die Menschheit in der Tat permanent gegenseitig gepeinigt, allein schon durch die kriegerischen Auseinandersetzungen. Bei näherer Durchleuchtung dieser Zeit fragt man sich unwillkürlich, was diese Form der Menschen- und Kriegsführung der Menschheit gebracht hat.

Um der Wahrheit auf den Grund zu kommen, sei in diesem Zusammenhang und im Hinblick auf die unseligen durchgeführten Kriege allein in unserem großeuropäischen Raum, in der Rückschau, nur an einige markante Beispiele in Kürze erinnert.

Im Jahre 336 v. Chr. trat Alexander der Große nach der Ermordung seines Vaters in Makedonien die Regierung an. Er zog aus, um schließlich Griechenland, Ägypten, das gesamte damalige Perserreich und auch noch Indien zu besiegen.

Im Jahre 59 v. Chr., Cäsar als Konsul und in den späteren Jahren bekanntlich als Statthalter und dann als Imperator und Diktator, führten ihn seine Kriege und Siege nach Frankfurt, zweimal über den Rhein, nach Britannien. Er führte seine Feldzüge durch im eigenen Land, in Italien, eroberte Spanien, landete in Ägypten, und seine letzten Kriege führte er in Afrika und wieder in Spanien.

Im 12. und 13. Jahrhundert überzog ein Dschingis Khan mit seinem Reitervolk den beinahe gesamten asiatischen und osteuropäischen Raum.

Im auslaufenden 18. und im anlaufenden 19. Jahrhundert führte ein Napoleon Bonaparte eine Anzahl von Kontinentalkriegen in Österreich, in Spanien, im eigenen Land, in Italien und gegen die Preußen, um schließlich aufzubrechen mit einem 500.000 Mann–Heer gegen Rußland.

Und nun noch ein Adolf Hitler, der nach einigen Jahren der Machtübernahme 1933 in den Jahren 1939 bis 1945 einen Krieg gegen die halbe Welt führte. (Polen-Frankreich-Jugoslawien-Nordafrika-England-Nordamerika-Sowjetunion).

Bei Durchleuchtung dieser gewaltigen Kriege, in den verflossenen zweieinhalbtausend Jahren, die bevölkerungsmäßig gesehen in etwa den bedeutendsten Teil unseres Planeten darstellen, erhebt sich naturgemäß und für jeden denkenden Menschen leidenschaftlich die ja weltweit umfassende Frage: „Waren diese Kriege in der Abfolge der Historie zu vermeiden? Haben sie das Rinnsal des Segens, des Glücks oder gar eines Friedens durchlaufen oder im Meer der Tränen, des Blutes, des Unglücks und der Katastrophen versunken!"

Haben diese Kriege, wie auch alle kleineren, kriegerischen Auseinandersetzungen, der Menschheit einen Dienst erwiesen? Oder entsprangen die Motive der Kriegsführung nicht doch einem persönlichen Ehrgeiz, dem Drang zur Macht und vor allem der Eroberungssucht von Territorien? – Unschwer läßt sich entdecken, daß bei sorgfältiger Beurteilung dieser Kriegszüge, die jeweils über ganze Kontinente geführt wurden, nach vermeintlichen Siegeszügen mit mathematischer Sicherheit wiederum zurückschrumpften in die Ausgangsposition.

Die Ausgangsposition von Alexander d. Gr. war Makedonien. Nach seinem Tod zerfiel das Weltreich (Diadochen). Ein Zurückschrumpfen seines Reiches zeigte sich an. Die Geschichte lehrt uns ein Zurück in die ursprüngliche Ausgangsposition Makedonien.

Nach den Gesichtspunkten gleicher Art stellt sich das kriegerische Bild eines Cäsar dar. Seine Feldzüge führten ihn bis nach England, um ebenfalls nach Siegen und Niederlagen zurückzuschrumpfen in die Ausgangsposition Rom.

Wie sehen wir die Kämpfe eines Dschingis-Khan? Ausgangsposition Mongolei. Hat er nicht seine Reitervölker vorwärts getrieben bis an die osteuropäischen Grenzen, um schließlich auch wiederum zurückzuschrumpfen in die Ausgangsposition Mongolei?

Wie nun kann man endlich die Kontinentalkriege eines Napoleon Bonaparte sehen? Ausgangsposition Paris. Nach seinen Feldzügen und vor allem nach der schrecklichen Vernichtung seines Heeres beim Winterfeldzug gegen Rußland ebenfalls ein zwangsläufiges Zurückschrumpfen in die Ausgangsposition Paris.

Und nun der zweite Weltkrieg Adolf Hitlers. Auch seine Ausgangsposition war Berlin, um nach dem schrecklichen Ende wiederum zurückzuschrumpfen in die Ausgangsposition Berlin.

Sollte nicht der Ablauf dieser wenigen kriegerischen Beispiele ein leuchtendes Zeichen, ja ein Signal für die Menschheit sein, die Regierungsform des

Krieges für alle Zeiten zu ächten, zu verbannen? Wäre es nicht ein Gebot der Stunde nachzudenken und schlüssig zu werden, daß die Formen der Kriegsführung für unser in die Zukunft gerichtetes Zeitalter endgültig überholt sein sollten?

Ist nicht doch die Geschichte in diesem Zusammenhang die beste Lehrmeisterin? Sagte nicht schon ein Meister Eckhart: „Ein Lebensmeister gilt mehr denn tausend Lehrmeister."? Wir Menschen bilden uns ein, um es nochmals zu sagen, das höchste, das vollkommenste Wesen zu sein.

Liegt hier nicht ein fundamentaler Widerspruch vor, wenn wir Menschen, so wie die Vergangenheit bisher zeigte, uns in furchtbaren Auseinandersetzungen unaussprechliches Leid und bittere Not zufügten mit der Folge unzähliger Millionen von Menschenopfern? Im Rückblick auf unsere Menschheitsgeschichte zeigt sich eine beschämende Bilanz. Eine Bilanz der Kriege, die nur die Form der Zerstörung, der Grausamkeit und der Gemeinheit, jeweils in einem katastrophalen Ausmaß, hinterlassen hat.

Selbst in der animalischen Welt können wir nicht beobachten, daß Tiere gleicher Art und Rasse sich bekämpfen oder gar töten. Hat uns die Geschichte jemals einen Hinweis gegeben, daß beispielsweise eine Herde Löwen gegen eine andere Herde Löwen gekämpft hätte? Oder haben Förster und Jäger irgendwann in der Tiergeschichte die Beobachtung gemacht, daß beispielsweise, um nur eine andere Tierart zu nennen, Elefanten sich aus irgendeinem Grund zu einer Herde versammelten, in der Absicht, eine andere Herde Elefanten zu bekämpfen. Selbst in einer Notsituation, zum Beispiel bei einem auftretenden Wassermangel, werden die Elefanten gemeinsam aufbrechen, eine Wasserstelle suchen, um schließlich friedlich und gemeinsam ihren Durst zu löschen. Eine solche Verhaltensweise trifft für alle Tierarten zu. Eine gewisse Ausnahme stellen wir bei den Bienen und Ameisen fest, dies aber an dieser Stelle zu erörtern ist nicht die Absicht dieser Niederschrift. Ob Durst, Hungersnot oder eine eventuelle Veränderung des Lebensraumes, Tiere gleicher Rasse werden sich niemals gegenseitig bekämpfen.

Es mag einer Banalität gleichkommen, wenn wir unsere animalische Welt unter diesem Blickpunkt betrachten.

Müssen wir Menschen, wir, die Vernunftbegabten, so nennen wir uns doch, uns nicht an die Brust klopfen, unser Gewissen wachrütteln und dabei nicht nur spüren, sondern auch zu der Erkenntnis kommen, daß uns hier die Verhaltensweise der Tierwelt ein einmaliges Beispiel präsentiert? Ein Beispiel, das uns Menschen eigentlich die Schamröte ins Gesicht jagen müßte.

Nochmals und abschließend sollten wir es auf den Punkt bringen. Müßten wir im modernen Zeitalter nicht endgültig in der Lage sein, die schreckliche und menschenentwürdigende Vokabel Krieg auszulöschen und zu Grabe zu tragen?!

Hat uns die Furchtbarkeit der letzten beiden Weltkriege gelehrt, daß wenigstens auf europäischem Boden kein Krieg mehr stattfinden darf? Dies wäre schon ein Teilergebnis unserer geschichtlichen Kriegsbetrachtung. Oder sollten die bisher abgelaufenen Nachkriegsjahre gar nur ein Friedensintermezzo darstellen? Niemand kann darauf eine schlüssige Antwort geben. Selbst Politiker haben geäußert, daß derzeit auf unserem Planeten nicht weniger als dreißig Kriege stattfinden. General a. D. Gert Bastian schrieb einmal: „Krieg ist die krankhafte Entartung der Politik." Mit anderen Worten: Krieg wurde und wird immer ausgelöst durch falsche und unglückliche Politik der bestehenden Parteien. Eine Politik, die immer begründet liegt in imperialistischen, territorialen, wirtschaftlichen und nicht zuletzt in religiösen Motiven.

2.

Geschichtliche Rechtfertigung im Hinblick auf die Lösungsvorschläge für Regierungsformen am Ende dieser Niederschrift

Bei näherer Untersuchung beinhalten die Worte obiger Überschrift einen substanzschweren Stoff von geradezu enzyklopädischer Art. Im Blick auf eine möglichst sinnvolle Gestaltung der Zukunft empfindet man spontan eine zwingende Herausforderung, die Regierungsformen der letzten zweitausend Jahre einer Durchleuchtung zu unterziehen. Natürlich können solche Untersuchungen nur insoweit den Anspruch auf Vollkommenheit erheben, als dies im Rahmen dieser Niederschrift vorgesehen und möglich ist.

Zu allen Zeiten glaubten die Menschen entsprechend der jeweiligen geschichtlichen, wirtschaftlichen, kulturellen, ja selbst auch kriegerischen Gegebenheiten, die bestmögliche Regierungsform sich selbst geschaffen zu haben. Die Geschichte der Menschheit ist fließend, sie ist durch Fortschritt und Aufklärung gekennzeichnet. Unsere Geschichte, allein in den letzten zweitausend Jahren, stellt sich dar in einem einzigen Auf und Ab eines Menschheitsgeschehens von zwangsläufiger Entwicklung. Ob Germanenführer, Herzöge, Fürsten, Könige, Kaiser oder Politiker, man muß es ihnen zugute halten, daß sie alle von dem Gedanken und dem Geist erfüllt waren, zu ihrer Zeit den besten Weg für eine geeignete Regierungsform gesucht und gefunden zu haben, auch wenn sich gleichzeitig die Frage erhebt, ob man aus unserer heutigen Sicht von einer durchdachten Regierungsform sprechen kann.

3.
Die Regierungsformen
der deutschen Geschichte

Germanen und Völkerwanderung

Schon Cornelius Tacitus schreibt in seinem Werk über „Ursprung und Wohnsitz der Germanen: „Die Könige nehmen sie aus dem Adel, die Heerführer aus den Tapfersten. Doch haben die Könige keine unbeschränkte Gewalt; und auch die Führer, die mehr durch ihr Beispiel als durch Feldherrngewalt das Heer leiten, befehligen, wenn sie mit kecker Geistesgegenwart und vor der Schlachtreihe vorstrahlend handeln, durch bewundernswerte Taten."

Nach Tacitus' Beschreibung kann man sicherlich nicht von einer sprichwörtlichen Regierungsform sprechen. Die Zeit der Völkerwanderung, ob es sich um Cherusker, Kimbern, Sueben, Langobarden oder Goten handelte, war doch geprägt vom Prinzip des Führens. Könige und Heerführer drückten dieser Zeit ihren Stempel auf. Sie gestalteten ihre Zeit des Führens einige Jahrhunderte durch Wander- und Kriegszüge aller Art.

Die Zeit der Dynastien und Fürstentümer

Rückblickend sei doch festzuhalten, daß Reichs- und Staatsgründungen in der Zeit der Völkerwanderungen bestenfalls von einer guten Absicht begleitet waren, modern ausgedrückt, den Bereich von Spekulationen nicht überschreiten konnten.

Erst mit den Merowingern entstand eine Reichsgründung, die auch zugleich eine erste Regierungsform im fünften Jahrhundert markiert und damit der Eintritt in die Zeit des Mittelalters vollzogen wird. Besondere Beachtung verdient immerhin die „Lex Salica" (Salisches Gesetz), das Stammesrecht der salischen Franken, erstmals erlassen um das Jahr 507 n. Chr. vom Frankenkönig I. Hier wird versucht einer Regierungsform eine gewisse Rechtsgrundlage zu geben.

Die Pfalzordnung

Die Pfalzordnung entstand in der Urfassung bereits in den ersten Regierungsjahren von Karl dem Großen. Die Pfalzordnung (Hofordnung), wie sie auch genannt wurde, war im Blick auf die damaligen Verhältnisse ein anerkanntes Bemühen und der Versuch, Recht und Ordnung verständlich zu machen. Die Pfalzordnung stammt von Adelhard, Abt, Freund und Berater von Karl dem Großen. Sie ist nach folgender Ordnung aufgegliedert:

I. Die Königliche Pfalz

1. Der Apokrisiar (kirchliche Angelegenheiten)
2. Die Beamten der zweiten Rangstufe
3. Auswahlkriterium bei der Besetzung der Beamtenstellen
4. Der Aufgabenbereich der Pfalzgrafen
5. Königin und Kämmerer
6. Seneschall, Mundschenk und Marschall
7. Die drei Gruppen der Hofbediensteten

II. Die Leitung des Reiches

1.   Die Reichstage
2.   Die Berater des Königs
3.   Die Beratungen über Gesetzes- und
     Verwaltungsvorschläge
4.   Berichterstattung über Innen-
     und Außenpolitik

Die Pfalzordnung war ein Verwaltungskörper, der im Hinblick auf seinen Aufbau eine Regierungsform markierte, die hohe Beachtung verdiente. Leider wurde sie nicht immer buchstabengetreu in praxi ausgelegt. In einem und gleichem Atemzug müssen an dieser Stelle die Sachsenkriege erwähnt werden, die Karl der Große über Jahrzehnte geführt hat. Man muß sich fragen, ob es einer Pfalzordnung entsprach, wenn der König verbissen sich das Ziel setzte, am Ende das nach seiner Meinung treulose Sachsenvolk zu bekriegen, bis es besiegt, dem Christenglauben unterworfen oder völlig vernichtet war.

Ein Höhepunkt der unseligen Sachsenkriege war wohl die Enthauptung von viertausendfünfhundert Sachsen an der Aller. Ob nachfolgend die Sachsendynastie, die Salierdynastie, dazwischen leider immer wieder der Kampf und der Streit mit dem Papsttum, ob die Kreuzzüge oder die unseligen Ausschreitungen gegen die Juden, ob das Wirken der Staufenkönige, später der Aufstieg der Habsburger oder schließlich die Hussitenkriege, ein Auf und Ab der Geschichte, ein Bild, das beim Betrachter im Grunde ein gemischtes Gefühl, um nicht zu sagen, einen Zustand gewisser Depressionen auslöst.

Es sind Jahrhunderte, die gezeichnet sind von kriegerischen Handlungen, die bei genauerer Beleuchtung in der Regel immer wieder ethnischen, territorialen und nicht zuletzt auch religiösen Motiven entsprangen.

Das gleiche Geschichtsbild vermitteln uns doch auch die weiteren Jahrhunderte, vom sechsten Jahrhundert bis herein in das neunzehnte Jahrhundert.

Die Menschen sind auch in diesem Zeitabschnitt geprägt von permanenter Hast und Unruhe. Natürlich haben andererseits Persönlichkeiten auf dem langen Weg durch die Jahrhunderte Marksteine gesetzt und sind damit in die Geschichte eingegangen.

Dieser Zeitabschnitt beginnt doch schon gravierend mit der Reformation Martin Luthers und setzt sich fort mit dem Bauernkrieg im Jahre 1525 n. Chr., dem Dreißigjährigen Krieg, um dann zu münden in die Zeit der großen Kurfürsten und Könige. Gleichzeitig begleiten uns immer wieder bedauerlicherweise Konflikte im Blick auf die Religionskämpfe. Schließlich kann nicht unerwähnt bleiben, so wie der Historiker es sieht, die große Zeit des Preußentums.

Vom Kurfürsten Friedrich III. den ersten König von Preußen, zum Soldatenkönig Friedrich Wilhelm I. und schließlich die Thronbesteigung Friedrichs des Großen. Heute noch erinnert Preußen einerseits an den Geist einer großen Zeit, anderseits aber auch an die zahlreichen Opfer, die dem Volk in Krieg und Frieden abverlangt wurden.

Auch hier erhebt sich die Frage nach einer staatstragenden Idee und Regierungsform! Waren sie nicht zu sehr mit Blut getränkt? Selbst dann, wenn man das „Politische Testament" von Friedrich II (dem Großen), einem genaueren Studium unterzieht. Das Testament zeigt positive Züge über Grundlage und Ziele königlicher Politik auf, jedoch man vermißt weitgehend den realistischen Niederschlag im Volksleben. Sein Testament ist nach folgenden Gesichtspunkten aufgegliedert :

Einleitung:

Die erste Pflicht eines Bürgers ist, seinem Vaterlande zu dienen.

Rechtspflege:

In eigener Person Recht zu sprechen ist eine Aufgabe, die kein Herrscher auf sich nehmen kann, ein König von Preußen noch weniger als ein anderer.

Einige politische Maximen, den Adel betreffend:

Ein Gegenstand der Politik des Königs des Staates ist die Erhaltung seines Adels.

Städte und Bürger:

Ich habe den Städten in den alten Provinzen die Freiheit gelassen, ihren Magistrat zu wählen.

Die Bauern:

Ich habe den Bauern die Frondienste erleichtert, die sie ehedem zu leisten hatten.

Die Geistlichen und die Religion:

Katholiken, Lutheraner, Reformierte, Juden und zahlreiche andere christliche Sekten wohnen in diesem Staat und leben friedlich zusammen.

Die Prinzen von Geblüt:

Es gibt eine Art Zwitterwesen, die weder Herrscher noch Privatleute sind und die sich bisweilen sehr schwer regieren lassen: das sind die Prinzen von Geblüt. Ihre hohe Abstammung flößt ihnen gewissen Hochmut ein, den sie Adel nennen.

<u>Strafen und Belohnungen:</u>
Zwei Hauptmotive leiten die Menschen: Furcht vor Strafe und Hoffnung auf Belohnung.

Die Befreiungskriege gegen Napoleon

Wieviel Pflichterfüllung und soldatische Tapferkeit zeichnen doch die Befreiungskriege aus! Es muß dabei erinnert werden an General Graf York von Wartenburg, der ein Schreiben an den preußischen König Friedrich Wilhelm III. richtete, aus dem, als eine eigenmächtige Handlungsweise, der Abschluß einer Konvention von Tauroggen mit Rußland im Dezember 1812 hervorging. Damit wurde bekanntlich die Trennung des preußischen Hilfskorps von der französischen Armee eingeleitet.

Ebenso bemerkenswert ist der Brief, den Theodor Körner an seinen Vater geschrieben hat, ein Brief, aus dem die helle Begeisterung und Leidenschaft, nun Soldat sein zu wollen, hervorgeht.

Oder von welch hohem Idealismus und großem Patriotismus sind Fichtes „Reden an die deutsche Nation" getragen. Auch er wendet sich in seinen Reden gegen die französische Fremdherrschaft und fordert einen selbständigen deutschen Nationalstaat.

Aber wiederum muß man sich trotzdem fragen, wieviel Leid und Opfer haben auch diese Jahre dem Menschen gebracht, um letzten Endes zu münden in einen „Deutschen Bund" der im Jahre 1815 im Wiener Kongreß zustande kam. Aber wie stellte sich dieser „Deutsche Bund" dar, doch nicht anders als ein beklagenswertes, kleinstaatliches Gefüge ohne Souveränität.

Die Frage nach einer wirksamen Regierungsform wird vergeblich gestellt. Das Gerangel um Machtinteressen zwischen dem „Deutschen Bund" und Österreich führte schließlich zum Bruderkrieg im Jahre 1866. Derartige traurige Auseinandersetzungen konnten auch nicht verhindert werden durch das Wirken und Hervortreten freiheitlich großer Denker wie Wilhelm von Humboldt, der Volkswirtschaftler und Politiker Friedrich List, Friedrich Schelling und nicht unerwähnt soll bleiben das „Hambacher Fest", eine erste deutsche, republikanische Massenveranstaltung, an der rund 30.000 Menschen demonstrierten für ein geeintes Deutschland.

Oder, im Jahre 1834 veröffentlichten der Medizinstudent und Dramatiker Georg Büchner sowie der evangelische Theologe Ludwig Weidig die sozialrevolutionäre Flugschrift „Der Hessische Landbote". Die Flugschrift richtet sich als eine einzige, leidenschaftliche Anklage gegen den Staat.

An dieser Stelle muß erinnert werden an den Dichter und Publizisten Heinrich Heine, der im Februar 1856 schließlich auch seelisch verwundet stirbt. Die Gedichtsammlung „Buch der Lieder" oder seine kritischen „Reisebilder" zeigen mit Bewunderung einerseits den romantischen Heine und anderseits aber auch den revolutionären „Demagogen." Wer kennt nicht seine verzweifelten Worte: „Denk ich an Deutschland in der Nacht, werd ich um den Schlaf gebracht."

Muß hier nicht auch an den Freiheitsdichter seiner Zeit Heinrich Hoffmann von Fallersleben, den Verfasser des „Deutschlandliedes" gedacht werden, der in seinem Gedichtzyklus „Unpolitische Lieder" immerhin in der breiten Öffentlichkeit größte Resonanz findet. Da aber doch viele seiner Verse in staatskritischer Form geschrieben sind, reagierte der preußische Staat 1842 mit Amtsenthebung, Pensionsentziehung und Landesverweis.

War nicht auch der schlesische „Weberaufstand" die Folge einer katastrophalen Ausbeutung der Arbeiter durch die Unternehmer?! Der Aufstand in Schlesien wurde bekanntlich blutig niedergeschlagen.

So ist fast das gesamte neunzehnte Jahrhundert gezeichnet von verzweifelten Stimmen des Volkes einerseits sowie von freiheitlich-kritisch denkenden Dichtern, Schriftstellern und Dramatiker, anderseits einem klein- und vielstaatlichen, herrschenden Gebilde gegenüber.

Auch dem Parteiensystem und Parlamentariern der bekannten Frankfurter Nationalversammlung ist es trotz vieler Bemühungen nicht gelungen, eine wirkungsvolle gesamtpolitische Linie im Sinne einer deutschen Einheit erhaltenswert zu entwickeln.

Erste Anzeichen von Revolutionsbewegungen

Mit den Anfängen der Industrialisierung zeichnete sich, man könnte sagen zwangsläufig, in der arbeitenden Bevölkerung ein Denken in der Richtung von Besitzenden und nicht Besitzenden ab. Unzufriedenheit und unerträgliches Spannungsverhältnis hat sich zwischen dem Denken der Arbeiter und der Einstellung der Unternehmer entwickelt. Weiterhin war ein Aufbäumen der Arbeiterschaft gegen den bestehenden, unzulänglichen Parlamentarismus und dessen Regierungsform die Folge.

Die revolutionäre Erhebung des arbeitenden Volkes im Jahre 1789 in Paris, der Septemberaufstand im Jahre 1848 in Frankfurt/Main, die Barrikadenkämpfe in Berlin und in anderen Städten brachten die Verdrossenheit und den Zorn des Volkes zum Ausdruck. Alle diese Kämpfe wurden blutig niedergeschlagen durch das Militär und durch das Großbürgertum.

Waren diese Revolutionen trotz ihrer jeweiligen Niederschlagung nicht doch ein Warnschuß, ein Signal für den preußischen König, den immer noch aus Fürstentümer, freie Städte und Stände, zu einem großen, deutschen Vaterland, wie König Wilhelm IV. es damals nannte, zusammenzuschließen?

Der Deutsch-Französische Krieg

In der Tat ein verhältnismäßig überraschend eingetretener außenpolitischer Konflikt oder, besser gesagt, „Unfall" in Form der bekannten „Emser Depesche" führte zu einer ungewöhnlichen diplomatischen Herausforderung gegenüber Frankreich. Dieser außenpolitisch angespannte Zustand führte schließlich zum Deutsch-Französischen Krieg.

Dieser Krieg ließ zwangsläufig die innerpolitischen Auseinandersetzungen vergessen. Der siegreiche Krieg im Jahre 1870 und die Reichsgründung im Spiegelsaal von Schloß Versailles, woselbst König Wilhelm I. von Preußen zum Kaiser ausgerufen wird, verliehen dem nunmehrigen Deutschen Reich hohen Glanz und haben innerpolitisch immerhin zu einer gewissen Ruhe und Befriedung des deutschen Arbeitslebens beigetragen.

Im April 1871 tritt schließlich die Verfassung des Deutschen Reiches in Kraft. Laut Präambel sprach man bei dieser Verfassung von einem „Ewigen Bund". Es muß dabei festgehalten werden, und dies ist bezeichnend, daß auch dieses „Deutsche Reich" noch aufgegliedert war in 25 Ländern Großherzogtümer, Fürstentümer und Freie Städte.

Die weiteren Jahrzehnte standen einerseits im Zeichen monarchistischer Züge, andererseits eines Reichstages, der gezeichnet war von einer permanent parteienparlamentarischen Herausforderung. Große Reden, streitbare, von Sozialismus getragene Reden, Reden von kulturpolitischer Bedeutung, Reden über die Notwendigkeit der Gründung von Kolonien, kennzeichnen die Anfänge eines Parlamentarismus des damaligen Reichstages. Es seien nur wenige Persönlichkeiten hervorgehoben: Der Arbeiterführer August Bebel über das Thema „Staat und Katholizismus" im Juni 1872. Ein Brief von Papst Pius IX. vom August 1873 an den Deutschen Kaiser, der Papst protestiert gegen die Kulturmaßnahmen, welche die Regierung gegen den Katholizismus ergriffen hat. (Dogma Unfehlbarkeit - Ex Kathedra). In einem Antwortschreiben des Kaisers vom September 1873 werden die Vorwürfe des Papstes zurückgewiesen. Ein gewisser religiöser Konflikt zwischen dem protestantischen Preußen und dem Vatikan ist damit auch vorprogrammiert.

Die große Rede des Publizisten Heinrich von Treitschke vor dem Reichstag im Jahre 1884 für die Verlängerung des Sozialistengesetzes fand in dieser Zeit große Beachtung. Bernhard von Bülow, Staatssekretär im Auswärtigen Amt und ab 1900 Reichskanzler und preußischer Ministerpräsident ,fordert, daß Deutschland seine Interessen in Ostasien durchsetzt. Ernst Hasse, Nationalliberaler, Mitglied des Reichstages und Herausgeber der Schrift „Deutsche Weltpolitik" hält eine bedeutsame Rede über die „Ziele des modernen deutschen Weltreiches". Nicht unerwähnt sollte an dieser Stelle die Schrift „Der Kaiser" von Walter Rathenau bleiben, der während der Weimarer Republik Reichsaußenminister war und im Juni 1922 von antisemitisch-rechtsradikalen, ehemaligen Offizieren ermordet wurde. Er bedauert in seiner Schrift, daß es mit der altpreußischen Einfachheit zu Ende sei und dafür bürgerliche Prunksucht und

Schwelgerei um sich greife. Damit sind wir schon inmitten des „Wilhelminischen Zeitalters". Auch diese Jahrzehnte waren geprägt von verbalpolitischen, militärischen, selbst antisemitischen und revolutionären Auseinandersetzungen im Reichstag und durch Schriften politisch verschiedener Art. Zum Beispiel erschien das „Konservative Handbuch", 1892 herausgegeben unter Mitwirkung der parlamentarischen Vertretung der Konservativen Partei mit einem kritischen Artikel über „Antisemitismus".

Kaiser Wilhelm II. spricht beim Stapellauf des Linienschiffes „Kaiser Karl der Große" in Hamburg am 18. Oktober 1899 über die Flottenpolitik und das Verhalten der deutschen Parteien. Angesichts des Rüstungswettlaufs nimmt Rosa Luxemburg, die führende Vertreterin des linken SPD-Flügels, im Parteiorgan „Vorwärts" kritisch Stellung zur Flottenvorlage. Sie kritisiert einerseits die horrenden Ausgaben für die Rüstung, beklagt andererseits das Elend der arbeitenden Massen. Gewerkschaftsführer sprechen zu den Arbeitern und kündigen Streiks an und stehen schon in den Startlöchern zum Generalstreik. Außenpolitisch wird Marokko zum Zankapfel zwischen Frankreich und Deutschland.

Am 28. Juni 1914 werden der österreichische Thronfolger Franz Ferdinand und seine Gemahlin in Sarajevo von einem bosnischen Studenten ermordet. Österreich erklärt Serbien den Krieg.

Am 4. August 1914 hält Kaiser Wilhelm II. im Reichstag eine Rede und hält den Ersten Weltkrieg für unausweichlich. Der Kaiser schließt bekanntlich seine Rede mit den Worten „Ich kenne keine Parteien mehr, ich kenne nur noch Deutsche."

Ein opferreicher, viereinhalb Jahre dauernder Krieg löst schließlich in der Heimat die Revolution aus. Der Kaiser dankt ab, der SPD-Politiker Phillip

Scheidemann ruft in Berlin die „Deutsche Republik" aus. Gleichzeitig aber auch proklamiert der kommunistische Spartakist Karl Liebknecht in Berlin die „Freie Sozialistische Republik". Und schon wieder waren die Ansätze des Parteienstreits vorprogrammiert. Jeder der damals führenden Politiker glaubte auf dem richtigen Weg zu sein und endlich alle guten Kräfte, ob Arbeiter, Bauer, Handwerker und schließlich auch Industrie, zu einer freiheitlichen deutschen Einheit zusammenzuführen. Dagegen hält der Reichsaußenminister am 13. April 1919 eine Grundsatzrede vor seiner Deutschen Volkspartei, die er 1918 gegründet hatte. Seine Rede „Zur Lage der Nation" ist getragen von Kritik an der vergangenen Monarchie, aber noch vielmehr von der Kurzsichtigkeit der bestehenden sozialistischen Parteien, die nicht in der Lage seien, die Deutschen in eine bessere Zukunft zu führen. Wiederum entfacht sich ein Parteienkonflikt, ähnlich wie in den Jahren vor dem ersten Weltkrieg. Ein Ende des Parteienstreites nimmt auch kein Ende durch die Antrittsrede des ersten deutschen Reichspräsidenten Friedrich Ebert, der im Februar 1919 von der in Weimar tagenden Nationalversammlung gewählt wurde.

Nachdem im Juni 1922 der Reichsaußenminister Walther Rathenau von Rechtsradikalen ermordet wurde, hält einen Tag später der Reichskanzler Joseph Wirth im Reichstag eine seiner beachtlichen Reden über die Weimarer Republik. Sein Thema „Der Feind steht rechts!" Die Worte waren leidenschaftlich vorgetragen, aber sie haben im Blick auf eine erfolgreichere Verständigung innerhalb der bestehenden Parteien auch in den folgenden Jahren nicht viel Positives bewegt.

Der sogenannte Kapp-Putsch im März 1920 bringt mit Unterstützung der rechtsradikalen „Brigade Ehrhard" die Reichsregierung in große Verwirrung. Sie mußte flüchten von Weimar nach Dresden und Stuttgart.

Eine katastrophale Situation für die gesamte Ruhrbevölkerung entsteht durch den Einmarsch französischer und belgischer Truppen im Januar 1923 in das Ruhrgebiet.

Im gleichen Jahr, am 9. November 1923 ruft Hitler in München die „Nationale Revolution" aus. Der Marsch zur Feldherrnhalle, gemeinsam mit General Ludendorff, und die Niederschlagung durch die bayrische Polizei ist ein weiteres Zeichen der verzweifelten Lage aller Deutschen.

Eine um sich greifende Armut, eine dramatisch ansteigende Arbeitslosigkeit, bis 6 Millionen, eine Inflation größten Ausmaßes waren die Bilanz parlamentarischer Parteienpolitik.

Das Dritte Reich

Was geschah im Januar 1933? Adolf Hitler, der die weitaus stärkste Partei, die Nationalsozialistische Deutsche Arbeiter- Partei hinter sich wußte, übernimmt die Macht. Der Reichspräsident von Hindenburg ernennt Adolf Hitler zum Reichskanzler. Adolf Hitler kam damit auf legalem Wege, das heißt ohne Blutvergießen, an die Macht. Man fragte sich später, wie konnte es zu diesem Vorgang kommen?

Haben nicht wieder, so wie die Jahre vor dem Krieg 1870/71 und gleichwohl wie in den Jahren vor dem ersten Weltkrieg 1914/18, die Parteien versagt? Haben nicht der Streit, der Konflikt und die endlosen und fruchtlosen parlamentarischen Debatten, die den verzweifelten Notstand zur Folge hatten, Adolf Hitler die Machtübernahme geradezu in die Hände gespielt?

Am 24. März 1933 setzt Hitler das „Gesetz zur Behebung der Not von Volk und Reich" (Ermächtigungsgesetz) mit 444 Stimmen gegen 94 Stimmen, also gegen die Stimmen der SPD, durch. Nun folgten Schlag auf Schlag Gesetzgebungen und andere politische Maßnahmen, die in einer Regierungsform der Diktatur nur möglich sind.

Es besteht das ungeschriebene Gesetz, daß alles im Leben zwei Seiten hat.

Auch in der Beurteilung des sogenannten „Dritten Reiches" sollte man den Mut haben, nicht nur aus subjektiver Haltung die Jahre von 1933 bis 1945 zu sehen.

Nun die eine Seite:

Alle Parteien wurden verboten. Es bestand als einzige Partei nur noch die „Nationalsozialistische Arbeiter-Partei". Verboten bzw. aufgelöst wurden alle Gewerkschaften. An deren Stelle entstand die „Deutsche Arbeitsfront" als Dachorganisation aller Schaffenden. Schon am 5. November 1937 bezeichnet Adolf Hitler die Jahre 1943-1945 als spätesten Termin für die Lösung der deutschen Raumfrage. Ein 85 Millionen-Volk brauche mehr Raum, und die Lösung der Raumfrage ist in Richtung Osten zu sehen.

Auf dem Nürnberger Parteitag 1935 werden die sogenannten „Nürnberger Gesetze" erlassen. Diese Gesetze beinhalten drastische Verschärfung der antijüdischen Maßnahmen.

Am 7. November 1938 wurde in Paris der deutsche Diplomat Ernst von Rath von dem politischen Juden Herschel Grünspan erschossen. Dieser Mord löste, vom Reichsminister für Volksaufklärung und Propaganda Dr. Goebbels organisiert, am 9./10. November 1938 die sogenannte „Reichskristallnacht" aus. Auszug aus der Rede des Präsidenten des Deutschen Bundestages Dr. Jenninger anläßlich des Gedenkens vor 50 Jahren, über das Geschehen der Kristallnacht: „Qual nicht in Zahlen faßbar."

Weit über 200 Synagogen wurden niedergebrannt oder demoliert, jüdische Friedhöfe verwüstet, Tausende von Geschäften und Wohnungen zerstört und geplündert. Rund hundert Juden fanden den Tod, etwa 30.000 wurden in Konzentrationslager verschleppt; viele von ihnen kehrten nicht mehr zurück. Nicht in Zahlen zu fassen waren die menschlichen Qualen, die Drangsalierungen, Demütigungen, Mißhandlungen und Erniedrigungen. Die meisten schauten weg.

Die Bevölkerung verhielt sich weitgehend passiv; das entsprach der Haltung gegenüber antijüdischen Aktionen und Maßnahmen in vorangegangenen Jahren. Nur wenige machten bei den Ausschreitungen mit, aber es gab auch keine Auflehnungen, keinen nennenswerten Widerruf.

Die Berichte sprechen von Betroffenheit und Beschämung, von Mitleid, ja von Ekel und Entsetzen. Aber nur ganz vereinzelt gab es Teilnahme und praktische Solidarität, Beistand und Hilfeleistung. Alle sahen, was geschah, aber die allermeisten schauten weg und schwiegen. Auch die Kirchen schwiegen.

Und nun die andere Seite:

In der gleichen Rede sagte Dr. Jenninger: „Ein Faszinosum:

Für das Schicksal der deutschen und europäischen Juden noch verhängnisvoller als die Untaten und Verbrechen Hitlers waren vielleicht seine Erfolge.

Die Jahre von 1933 bis 1938 sind selbst aus der distanzierten Rückschau und in Kenntnis des Folgenden noch heute ein Faszinosum insofern, als es in der Geschichte kaum eine Parallele zu dem politischen Triumphzug Hitlers während jener ersten Jahre gibt. Wiedereingliederung der Saar, Einführung der allgemeinen Wehrpflicht, massive Aufrüstung, Abschluß des deutsch-britischen Flottenabkommens, Besetzung des Rheinlandes, Olympische Sommerspiele in Berlin, Anschluß Österreichs an „Großdeutsches Reich" und schließlich, nur wenige Wochen vor den Novemberpogromen, Münchner Abkommen, Zerstückelung der Tschechoslowakei. Der Versailler Vertrag war wirklich nur noch ein Fetzen Papier und das Deutsche Reich mit einem Mal die Hegemonialmacht des alten Kontinents.

Für die Deutschen, die die Weimarer Republik überwiegend als Abfolge außenpolitischer Demütigungen empfunden hatten, mußte dies alles wie ein Wunder erscheinen. Und nicht genug damit: Aus Massenarbeitslosigkeit war Vollbeschäftigung, aus Massenelend so etwas wie Wohlstand für breiteste Schichten geworden.

Statt Verzweiflung und Hoffnungslosigkeit herrschten Optimismus und Selbstvertrauen. Machte nicht Hitler wahr, was Wilhelm II. nur versprochen hatte, nämlich die Deutschen herrlichen Zeiten entgegenzuführen?

War er nicht wirklich von der Vorsehung auserwählt, ein Führer, wie er einem Volk nur einmal in tausend Jahren geschenkt wird?"

Soweit ein Auszug aus der vorgenannten Rede Dr. Jenningers.

Am 12. März 1938 marschieren deutsche Truppen, ohne auf Widerstand zu stoßen, in Österreich ein. Bei der anschließenden Volksabstimmung sprachen sich nach offiziellen Angaben 99,7% der Stimmberechtigten für den Anschluß an das Deutsche Reich aus.

Zu dieser Volksabstimmung erklären die Österreichischen Bischöfe aus innerster Überzeugung und mit freiem Willen:

„Wir erkennen freudig an, daß die nationalsozialistische Bewegung auf dem Gebiet des völkischen und wirtschaftlichen Aufbaues sowie der Sozialpolitik für das Deutsche Reich und Volk, namentlich für die ärmsten Schichten des Volkes, Hervorragendes geleistet hat und leistet.Wir sind auch der Überzeugung, daß durch das Wirken der nationalsozialistischen Bewegungen die Gefahr des alles zerstörenden gottlosen Bolschewismus abgewehrt wurde.

Die Bischöfe begleiten dieses Wirken für die Zukunft mit ihren besten Segenswünschen und werden auch die Gläubigen in diesem Sinne ermahnen. Am Tage der Volksabstimmung ist es für uns Bischöfe selbstverständliche nationale Pflicht, uns als Deutsche zum Deutschen Reich zu bekennen, und wir erwarten auch von allen gläubigen Christen, daß sie wissen, was sie ihrem Volk schuldig sind."

Auch im Fernsehen tauchten noch in den Jahren nach dem Kriege, aus irgendeinem Anlaß, Bilder auf, die aufzeigten, wie die Masse der Bevölkerung Hitler geradezu frenetisch zujubelte, wenn er z. B. in seinem offenen Auto stehend durch die Straßen einer Stadt fuhr. Einerseits war seine Handlungsweise, seine ganze Arbeit, wohl auch seine Liebe zum Volk außergewöhnlich, welche Absicht er auch immer damit verfolgte, andererseits war Hitler haßerfüllt im Kampf gegen die Juden und gegen den Bolschewismus.

Zusammenfassend muß man doch zu dem Urteil

kommen, daß Hitler vor allem psychisch ein absolut gespaltener Mensch war.

Der Zweite Weltkrieg

Es stellt sich die Frage: warum konnte Adolf Hitler seinen Zweiten Weltkrieg beginnen und führen? Warum konnte niemand aus seiner nächsten Umgebung, kein Göring, kein Hess, kein Keitel, kein Goebbels oder Schirach den „Führer" überzeugen, daß verhandeln, z. B. mit Polen, vernünftiger sei, als einen Krieg zu beginnen. Spätestens zu diesem Zeitpunkt kam nochmals ein kriegsgeschichtliches Drama zum Durchbruch, denn auch Hitler hatte den Grundsatz, daß man aus der Geschichte lernen sollte, völlig verworfen. Oder waren seine Vorbilder etwa doch Alexander der Große, Cäsar, Dschingis-Khan oder noch Napoleon? Hier haben wir schon eingangs der Niederschrift dargelegt, was derartige Kriege gebracht haben.

Nochmals konnte die Regierungsform der Diktatur widersinnige Auferstehung feiern und traurige, geschichtliche Wahrheit werden. Hitler glaubte wohl, sich selbst in der Wahrheit zu finden. Er steigerte sich schließlich in eine Wahnvorstellung und glaubte gar, nach dem Grundsatz eines Emanuel Kant handeln zu müssen, der seinen kathegorischen Imperativ allerdings nach seinem eigenen Gedankengebäude damals formulierte: „Handle so, daß das Prinzip deines Handelns Gesetz für alle sein könnte." Nur so ist es zu erklären, daß Adolf Hitler, dessen Ziel es war, seine Mission, wie er sie nannte, noch zu seiner Lebenszeit zu erfüllen, als Diktator den fast einsamen Entschluß faßte und den Krieg eröffnete.

Seine anfänglichen sogenannten Blitzkriege und

Siege gegen Polen und Frankreich sind bekannt. Ebenso sein Besatzungskrieg gegen Jugoslawien und die Anfangserfolge in Nordafrika. Der Einmarsch in Dänemark und der militärische Einfall in Norwegen seien noch am Rande erwähnt. Mit der Eröffnung des Feldzuges gegen Rußland war dieser Zweite Weltkrieg, nach einem Anfangserfolg im Jahre 1941, spätestens nach der Tragödie um Stalingrad gegen Hitler entschieden. Die Niederlage Hitlers war damit eingeleitet.

An dieser Stelle muß allerdings auf ein erst- und einmaliges Phänomen der Kriegsgeschichte hingewiesen werden. Während im Rückblick auf unsere zweitausendjährige Geschichte bei allen Kriegen im wesentlichen das Ziel verfolgt wurde, Territorien zu gewinnen, war der Krieg gegen Rußland, vorplanend durch außerordentliche Motive markiert. Dieser Krieg war von vornherein ein Krieg der <u>Weltanschauungen.</u> Hier prallten mit voller Wucht und Macht zwei Weltanschauungen aufeinander, die Weltanschauung des Nationalsozialismus und die Weltanschauung des Bolschewismus. Nicht der Gewinn von Territorien war vornehmlich der Grund, in Rußland einzufallen, Lebensraum war schließlich durch den Polenfeldzug bereits gewonnen, nein, Hitler ist mit seiner mächtigsten Streitkraft zu Lande und in der Luft, ähnlich wie einst Napoleon, angetreten, um der Gefahr des länderübergreifenden, also bereits international herrschenden Bolschewismus zu begegnen und ihn am Ende zu vernichten. Die Niederringung des Bolschewismus als Idee war das Hauptmotiv seiner Kriegsführung gegen Rußland.

Haben zum damaligen Zeitpunkt die übrigen Weltmächte die kriegs- und politische Weltlage erkannt? War ihnen die Niederringung Hitlers und damit die Weltanschauung des Nationalsozialismus vorrangiger? Vielleicht gibt die Geschichte einmal eine andere oder gar bessere Antwort.

Bekanntlich nahm dieser Zweite Weltkrieg ein schreckliches Ende. Nicht nur alle Fronten brachen zusammen, sondern auch in der Heimat waren die Städte ausgebombt. Bittere Not und großes Leid bei der Zivilbevölkerung, bei Frauen und Kindern, waren die Folge.

Am 1. Mai 1945 unterzeichnet Generaloberst Alfred Jodl die Gesamtkapitulation der deutschen Wehrmacht im Hauptquartier des westalliierten Oberbefehlshabers Dwigt Eisenhower in Reims. Die bedingungslose Kapitulation findet am 8. Mai 1945 statt.

Diese Massenvernichtung von Menschen und Material des letzten Krieges 1939/45, das sollte abschließend zum Kapitel Krieg gesagt werden, hat doch ein Zeichen gesetzt und müßte für die ganze Menschheit ein Signal dafür sein, daß der Krieg eine Führungs- und eine Erscheinungsform darstellt, die in einer modernen, fortschrittlichen Gesellschaft nicht mehr vorstellbar ist. Das Wort Krieg sollte aus unserem Vokabularium gelöscht werden, denn in der Tat, der Krieg, in welcher Erscheinungsform auch immer, er ist absolut der Inbegriff des Bösen.

Zusammenbruch und Wiederaufbau

In den Jahren nach dem Kriege ist gekommen, was wohl kommen mußte.

Schon im Februar 1945 wurde auf der Jalta-Konferenz die Aufteilung des Deutschen Reiches in Besatzungszonen beschlossen. Deutschland soll entmilitarisiert und vor allem entnazifiziert werden.

Auf der Potsdamer Konferenz im August 1945 werden von den Siegermächten die Grundsätze für die Behandlung des besiegten Deutschen Reiches festgelegt. Der Text der Übereinkunft gliedert sich auf in politische, wirtschaftliche Grundsätze, sowie in Reparationen aus Deutschland. Damit war die Politik, waren die Maßnahmen gegen das besiegte Deutschland formuliert.

Und wieder kommt der Parteistaat

Am 10. Oktober 1945 gründen Adam Stegerwald, Fritz Schäffer, Josef Müller und Alois Hundhammer in Würzburg die Christlich-Soziale-Union.
Das Grundsatzprogramm ist aufgegliedert:

I.   Staatliche Ordnung
II. Rechtsordnung
III. Sozialordnung
IV. Wirtschaftsordnung
V.   Kulturordnung
VI. Zwischenstaatliche Ordnung

Am 15. September 1949 wird der CDU-Vorsitzende Konrad Adenauer zum ersten Bundeskanzler der Bundesrepublik Deutschland gewählt.
Am 20. September des gleichen Jahres stellt er sein Kabinett vor, und zwar: bestehend aus CDU/CSU, FDP und DP (Deutsche Partei). Adenauer hält am gleichen Tag seine erste, programmatische Regierungserklärung.

Das Wesen der Opposition

Schon einen Tag nach der Regierungserklärung Adenauers antwortet der SPD-Vorsitzende und Oppositionsführer Kurt Schumacher und beschäftigt sich mit der Frage der Opposition in einer Demokratie.

<u>Ein kurzer Auszug aus Schumachers Rede:</u>
„...Die vorbehaltlose Überbewertung der Regierungsfunktionen und die ebenso vorbehaltlose Unterbewertung der Oppositionsfunktion stammt aus dem Obrigkeitsstaat, und die Begriffe des Obrigkeitsstaates scheinen noch in vielen Köpfen, auch in diesem Hause, sehr lebendig..."

Am 15. Juli 1949 verabschiedet die CDU die „Düsseldorfer Leitsätze". Die Konzeption ihres Ahlener Programms wird bereits wieder aufgegeben, und die CDU bekennt sich zur Theorie der Sozialen Marktwirtschaft.

<u>Sie gliedert sich nach folgenden Gesichtspunkten auf:</u>

1. Freiheit und Bindung
2. Leistungswettbewerb
3. Keine freie Wirtschaft alten Stils
4. Monopolkontrolle
5. Keine Zentrale Lenkung
6. Planvolle Beeinflußung

Die Nürnberger Prozesse

Am 26. August 1948 übermittelt der Erzbischof von Köln, Kardinal Josef Frings, dem amerikanischen Militärgouverneur Lucius D. Clay eine Entschließung der Fuldaer Bischofskonferenz, in der zu den Nürnberger Kriegsverbrecherprozessen und zur Entnazifizierung Stellung genommen wird.

Ein kurzer Auszug davon: „Die letzten drei Jahre haben manche weitere Erschütterung des Glaubens an die Gerechtigkeit gebracht, z. B. der Umfang und die Abwicklung der Internierung, die Art und Weise der Entnazifizierung. Um so entscheidender ist es, daß nun wenigstens die Prozesse, die eine Sühnung des Unrechts in feierlicher Form darstellen sollen, ohne jeden Makel der Ungerechtigkeit und des machtpolitischen Mißbrauchs dastehen. Das moralische Ansehen dieser Prozesse erscheint uns aber schwer bedroht. Von anderer Seite wurden bereits manche Einzelheiten in der Durchführung der Verfahren als unrechtmäßig beanstandet. Das Rechtsgefühl ist weiterhin beunruhigt durch die Tatsache, daß die genannten Tribunale von dem Grundsatz aller Gerechtigkeit abzuweichen scheinen, „Gleiches Recht für alle", und den verhaßten Charakter von Sondergerichten annehmen.

In diesen Prozessen werden nämlich Strafurteile aufgrund eines Sonderrechts gefällt, das von den Siegermächten ausschließlich für das deutsche Volk getroffen wurde und ausschließlich gegen dasselbe in Anwendung gebracht werden soll."

Der Deutschlandvertrag

Am 26. Mai 1952 wird in Bonn zwischen der Bundesrepublik Deutschland und den drei westlichen Besatzungsmächten der Deutschlandvertrag geschlossen. Er regelt das Ende des Besatzungsregimes und gibt der Bundesrepublik die Rechte eines souveränen Staates. Im Mai 1955 tritt der Deutschlandvertrag in Kraft.

Godesberger Programm der SPD

Im November 1959 verabschiedet die SPD in Bad Godesberg ihr „Godesberger Programm". Darin werden u.a. die Grundwerte Freiheit, Gerechtigkeit und Solidarität erklärt.

Das „Godesberger Programm" erfährt folgende Aufgliederung:

Grundwerte des demokratischen Sozialismus

Grundforderung für eine menschenwürdige Gesellschaft

Staatliche Ordnung, Wirtschaftsordnung, Landesverteidigung.

Die Große Koalition

Nach Bundeskanzler Ludwig Erhard, dem Vater der „Freien Marktwirtschaft", wird der CDU-Politiker und Baden-Württembergische Ministerpräsident zum neuen Bundeskanzler gewählt.

Aus dem außenpolitischen Teil seiner Regierungserklärung

1. Friedenspolitik
2. Atomare Bewaffnung
3. Verhältnis zur Sowjetunion
4. Verhältnis zu Polen
5. Verhältnis zur CSSR
6. Alleinvertretungsanspruch
7. Innerdeutscher Handel

Kampf gegen die Notstandsgesetze

Am 30. Mai 1968 verabschiedet der Deutsche Bundestag eine Veränderung des Grundgesetzes, durch die der Notstand verfassungsrechtlich geregelt wird. Vor der Verabschiedung der Notstandsgesetzgebung kommt es zu Protesten. Studenten und Gewerkschaften sehen in den Notstandsgesetzen eine Aushöhlung des Grundgesetzes.

Die sozialliberale Koalition

Nach dem Bruch der Großen Koalition wird der SPD-Vorsitzende Willy Brandt, bisher Vizekanzler und Außenminister, am 21. Oktober 1969 zum Bundeskanzler einer Koalition aus SPD und FDP gewählt. In seiner programmatischen Regierungserklärung kündigt er am 28. Oktober 1969 das umfangreichste Reformprogramm der deutschen Nachkriegsgeschichte an.

Auszüge aus dem außen- und sicherheitspolitischen Teil der Regierungserklärung

1. Das Verhältnis zwischen den Teilen Deutschlands
2. Keine völkerrechtliche Anerkennung der DDR
3. West-Berlin
4. Gleichgewicht und Friedenssicherung
5. Friede mit den Völkern des Ostens

Der Grundlagenvertrag zwischen der BRD und der DDR

Am 21. Dezember 1972 unterzeichnen Egon Bahr und Michael Kohl, die Verhandlungsleiter der Delegation der BRD und DDR, den Vertrag über die Grundlagen der Beziehungen zwischen der Bundesrepublik Deutschland und der Deutschen Demokratischen Republik. Dieser Grundlagenvertrag enthält 10 Artikel und soll gutnachbarliche Beziehungen zwischen den beiden Staaten sichern.

Es ist fünf Minuten vor zwölf

Der damalige DGB-Vorsitzende Ernst Breit fordert am 21. September 1983 auf dem internationalen Friedenskongreß des DGB in Köln während der fünf Mahnminuten für den Frieden, zu denen der DGB aufgerufen hat, die Supermächte auf, dem Rüstungswahn Einhalt zu gebieten.

Weder einschüchtern noch erpressen

Am 22. Oktober 1983 lehnt der Friedensnobelpreisträger, frühere Bundeskanzler und SPD-Vorsitzende Willy Brandt vor mehreren 100 000 Menschen in Bonn die Stationierung US-amerikanischer Nuklearwaffen auf dem Boden der Bundesrepublik ab, fordert ernsthafte Abrüstungsverhandlungen zwischen den Supermächten USA und Sowjetunion und verlangt, die Ausgaben für die Rüstung freizumachen für den weltweiten Kampf gegen Armut, Hunger und Unterdrückung.

Die Tragik der Teilung Deutschlands

Haben die Siegermächte je erkannt, welch verheerende Folgen die Teilung Deutschlands haben würde? Zwangsläufig war weiterhin die Aufteilung der Welt in Ost und West eine bittere Wahrheit. Das weltweite Wettrüsten der Siegermächte war damit auch vorprogrammiert, ob sie es wollten oder nicht. Der ehemalige Bund der Siegermächte wurde gesprengt, und es entwickelte sich, für uns Deutsche auf tragische Weise mit anzusehen, eine Feindschaft, zumindest eine Gegnerschaft zwischen Ost und West.

Die Deutsche Demokratische Republik

Im Ostteil Deutschlands wurde unter hintergründiger Beeinflussung seitens der Sowjetunion ein System des „realen Sozialismus", jedoch deutlicher gesagt, ein Wirtschaftssystem der „zentralen Planwirtschaft" errichtet. Dadurch standen sich in West und Ost Wirtschaftssysteme wie Feuer und Wasser gegenüber. Auch parteipolitisch haben sich die beiden Teile Deutschlands konträr entwickelt. Im Westen entstand in alter Weise wiederum der Viel-Parteienstaat, im Osten der Ein-Parteienstaat, die Sozialistische Einheitspartei Deutschlands (SED). Auch der Ein-Parteienstaat löst nach wirschaftlichen Anfangserfolgen bei den Arbeitern allgemeine Unzufriedenheit aus.

Der Bauarbeiterstreik

Am 17. Juni 1953 weiten sich Bauarbeiterstreiks in Ostberlin zu Massenstreiks und Demonstrationen auch in Halle, Erfurt und Magdeburg aus.

Sowjetische Truppen schlagen den Aufstand nieder. Die Tageszeitung „Neues Deutschland", führendes Blatt der DDR, wertet die Vorgänge in einem Artikel am 18. Juni 1953 als „Werk bezahlter verbrecherischer Elemente aus Westberlin."

Zehn Gebote des Sozialismus

Auf dem V. Parteitag der Sozialistischen Einheitspartei Deutschlands (SED) im Juli 1958 nennt Walter Ulbricht, der erste Sekretär der SED, die zehn Gebote des sozialistischen Menschen.

Die zehn Gebote münden schließlich in ein Bekenntnis zur Solidarität aller Werktätigen und der Pflicht, den wahren Sozialismus zu verwirklichen und einen unumstößlichen Arbeiter- und Bauernstaat zu errichten.

Der Mauerbau in Berlin

Am 13. August 1961 läßt die DDR an der Demarkationslinie zwischen West- und Ost-Berlin eine Mauer errichten, um die steigende Fluchtbewegung aus der DDR zu unterbinden. Willy Brandt, der Regierende Bürgermeister von Berlin, schreibt dem US-Präsidenten u. a.:

„Die Maßnahmen des Ulbricht-Regimes, gestützt durch die Sowjetunion und den übrigen Ostblock, haben die Reste des Vier-Mächte-Status nahezu völlig zerstört.

1. Untätigkeit und reine Defensive könnten eine Vertrauenskrise zu den Westmächten hervorrufen.

2. Untätigkeit und reine Defensive könnten zu einem übersteigerten Selbstbewußtsein des Ost-Berliner

Regimes führen, das heute bereits in seinen Zeitungen mit dem Erfolg seiner militärischen Machtdemonstration prahlt."

DDR-Schießbefehl

Am 17. August 1962, fast genau ein Jahr nach dem Bau der Berliner Mauer, wird der Ost-Berliner Bauarbeiter Peter Fechter beim Fluchtversuch über die Mauer von DDR-Grenzpolizisten erschossen. Auch dieser Mauerbau setzt ein Zeichen und signalisiert die inzwischen entstandene, tiefe Spaltung zwischen Ost und West.

Mehr- oder Einparteienstaat

Spätestens zu diesem Zeitpunkt stellte sich die Frage, wer denn eigentlich die bessere Regierungsform, das erfolgreichere Regierungssystem in Ost oder West geschaffen hat? Das Ein-Parteiensystem (Diktatur) oder das Mehr-Parteiensystem (Demokratischer Parlamentarismus)? Alle der führenden Politiker in Ost und West sind und waren der Überzeugung, das wirkungsvollere System zu haben bzw. gehabt zu haben. Nicht nur Ost- und West-Deutschland standen sich verfeindet gegenüber, sondern, wie wir alle wissen, die politisch und wirtschaftlich führende Welt stand sich bedrohlich gegenüber. Systembedingt entwickelte sich je eine Ost- und Westwelt, die sich darstellte in neuen, gefährlichsten Dimensionen, nämlich in einer Atomwelt. Es ist wohl nicht zuviel gesagt, wenn behauptet wird, daß die Menschheit durch die atomare Gefahr zwischen der Ost- und Westwelt einer Apokalypse nahe war.

Der Zusammenbruch der Ostwelt

Was war geschehen? Der Zusammenbruch des Ostens ist schließlich besser zu verstehen, wenn in kurzen Umrissen die politisch-wirtschaftliche Entwicklung des Ostens, und damit kann man im wesentlichen nur die Weltmacht der Sowjetunion verstehen, dargestellt wird.

Es kann natürlich im Rahmen dieser Niederschrift nicht die Absicht sein, einen geschichtlichen Ablauf Rußlands in Einzelheiten darzulegen. Ein Geschichtsverlauf in großen Zügen sei an dieser Stelle angezeigt, um einen verständnisvollen Zusammenhang mit der jüngeren Geschichte Rußlands zu finden.

4.
Ausbreitung der Ostslawen -
Erste Staatsbildung

Die Frühgeschichte des russischen Raumes stand im Zeichen meist türkischer Reitervölker, die vom Osten her gedrängt durch die Völkerpforte zwischen Ural und Kaspischem Meer in Europa einbrachen und einander im Besitz der südrussischen Steppe ablösten. (Hunnen im 4., Awaren im 6., Bulgaren im 7., Magjaren im 9. und Kumanen im 11. Jahrhundert n. Chr.)

Etwa im 8. Jahrhundert erfolgte der Anstoß zu einer ersten Staatsbildung bei den Ostslawen durch die Nordgermanen. Im 9. Jahrhundert waren die Waräger in kriegerischen Genossenschaften organisiert, auf dem Wege in Richtung Konstantinopel.

Um 860 n. Chr. wurden Nowgorod und Kiew aus ursprünglichen Handelsstützpunkten zu Mittelpunkten auch politischer Machtentfaltung.

Um 950 n. Chr. begann die Slawisierung des warägischen Elementes. Swjatoslaw, erster Fürst mit slawischem Namen, erschöpft die Kräfte seines Landes in kühnen, militärischen Unternehmungen. (Gründung des warägisch-reussischen Fürstentums.)

Die Eroberung Dona-Bulgariens konnte Fürst Swjatoslaw gegen Byzanz nicht halten.

988/89 n. Chr. brachte eine entscheidende Wende, trotz heftigen Widerstandes der heidnischen Opposition die Annahme des Christentums. 980 bis 1054 n. Chr. konnten Fürst Wladimir und später sein Sohn, nicht zuletzt durch kluges Taktieren, den Kiever Staat nach innen und nach außen festigen.

Unter Jaroslaws Söhnen führte Uneinigkeit rasch zur Lockerung des inneren Zusammenhalts und zur Schwächung des äußeren Ansehens. Ein allgemeiner Prestigeverlust der immer zahlreicher gewordenen, einander befehlenden Fürsten war die Folge.

Die Sonderstellung Groß-Nowgorod

Fern von Kiev hatte Nowgorod stets eine Sonderstellung eingenommen. Diese Sonderstellung entwickelte sich im 12. Jahrhundert zu nahezu vollständiger Unabhängigkeit. Die Nowgoroder Stadtversammlung wählte nach Belieben den Fürsten und bestimmte dessen Rechte und Pflichten in einem eigenen Vertrag. Die Stadtversammlung wählte sogar den Erzbischof, der bekanntlich nach dem Metropoliten den höchsten Rang in der russischen Hierarchie einnahm.

Der Mongolensturm

Innerhalb von fast 20 Jahren, 1223 bis 1241 n. Chr., war es Dschingis-Khan gelungen, mit seinen Reitervölkern in die Weite des russischen Raumes einzudringen, um den Nordwesten Rußlands ebenso wie das Gebiet um Kiew im Südwesten zu erobern. Der Vorstoß bis Ungarn und Schlesien war die schreckliche Folge.

Keine Macht der Fürsten und Großgrundbesitzer, auch nicht die Stärke und Kampfkraft des damals bestehenden Bojarenadels, konnte dem Mongolenansturm nennenswerten Widerstand leisten.

Der Tod Dschingis-Khans und die Erschöpfung

der Truppen waren die Ursache des Stillstandes, und das Ende dieses fürchterlichen Mongolenkrieges.
<u>Und damit war auch Europa gerettet. Allerdings nicht Rußland:</u>
Unter der Last der Mongolen-Tataren-Herrschaft trat ein erschreckender wirtschaftlicher, kultureller und moralischer Tiefstand ein.
<u>Die Kirche</u> allerdings wurde von den Mongolen-Tataren verschont.
Ein völliger Neuanfang mußte gesetzt werden.

1300 - 1500 n. Chr.

Glückliche Gebietserwerbungen gaben den Anstoß zum Aufstieg des seit 1263 n. Chr. bestehenden Teilfürstentums Moskau.
Im Verlauf der Jahrzehnte mußten die Mongolen-Tataren immer mehr Niederlagen hinnehmen.
Schon im 15. Jahrhundert entstanden die byzantinischen Weltreichs- und Weltkaiserideen.
<u>Iwan III.</u> nannte sich der Selbstherrscher von ganz Rußland.
Orthodoxe Kirchen in Moskau und der Staat bedurften einander. Italienische Renaissancearchitekten gaben durch Umbau und Neubauten dem Moskauer Kreml eine imperiale Fassade.
(Um 1500 n. Chr.) <u>Iwan der IV. (der Schreckliche)</u> regierte von 1530 bis 1584 n. Chr.
Mit 17 Jahren wurde er zum Zaren von ganz Rußland gekrönt.
<u>1569 n. Chr</u>. ließ Iwan der IV. den Metropolit Philipp erdrosseln, weil er wagte Kritik zu üben.
Iwan konnte sein Reich durch Eroberungskriege vergrößern (1552 Kasan, 1556 Astrachan). Iwan errichtete eine Staatspolizei (Staat im Staate).

Zentralistisches Terrorsystem

Um 1570 n. Chr. wurde ziemlich radikal die Bevölkerung von Groß-Nowgorod, die immer eine autarke politische Macht darstellte, ausgerottet.

Nach dem Tod Iwans IV. ist Rußland Jahrzehnte überzogen worden von inneren Spannungen zwischen dem reichen Erbadel der Bojaren, der Säkularisierung des kirchlichen Grundbesitzes und der bäuerlichen Arbeitskraft.

Peter der Große, 1682 - 1725 n. Chr.

Er übernahm die Regentschaft, und sein Hauptziel war die Öffnung nach dem Westen. Seine Interessen galten der Technik und dem Kriegshandwerk. Inkognito begleitete er seine eigene Gesandtschaft nach Preußen, Holland, England und Österreich.

Schwedenkriege

Um 1700 n. Chr. Niederlage gegen die Schweden.
1708 n. Chr. erlitt der Schwedenkönig eine vernichtende Niederlage.
1713 n. Chr.: Gründung der Stadt Petersburg.
1721 n. Chr.: Im Frieden von Nystadt gewann Rußland: Livland – Estland die Karelien mit Wiburg. Damit waren die Baltischen Provinzen dauernder russischer Besitz.

Katharina II. (das goldene Zeitalter)

Sie regierte von 1762 bis 1796, war die Tochter

Peters d. Gr. namens Elisabeth und später Katharina II. Man sagt, ihre Gardeoffiziere hätten sie auf den Thron gehoben.

1768-74 n. Chr.

Nach Abschluß eines ersten siegreichen Türkenkrieges erhielt Rußland endgültig Asow und die Schwarzmeerküste zwischen Dnjepr und Bug. Auch die weiteren Jahrzehnte sind gekennzeichnet von innerpolitischen und kriegerischen Kämpfen.

Das altmoskauische Prinzip des „Dienstes" aller Bevölkerungsschichten war durchbrochen.

Alle Lasten ruhten einseitig auf den Bauern, die nun völlig der gutsherrlichen Willkür preisgegeben wurden; die Leibeigenschaft erreichte ihre härteste Form.

1801-25 n. Chr.

Auch die Nachfolger Katharinas konnten die innerpolitischen Spannungen nicht mildern.

Erst der massive Angriff Napoleons (1812) in Richtung Moskau versammelte die russischen Truppen zu einer heroischen Abwehr und hinterher schließlich zu einer Befreierrolle, die der russische Kaiser und russische Truppen im Anschluß daran spielten.

Rußland fühlte sich nun gewissermaßen legitimiert, im Blick auf die beim Wiener Kongreß hergestellte neue Ordnung des Kontinents.

Rußland im 19. Jahrhundert

Nach dem Sieg über Napoleon und dem Wiener Kongress war Rußland noch stärker als bisher in das politische Kräftespiel der europäischen Mächte einbezogen.

Die intensive Kenntnis Westeuropas, die vielen Angehörigen der russischen Armeen in den Befreiungskriegen zuteil geworden war, ließ sich nicht rückgängig machen; sie wurde zum Ausgangspunkt der geistigen Auseinandersetzung zwischen Rußland und Europa, die das ganze Jahrhundert durchzieht.

1881 n. Chr.

Alexander II. fiel einem Bombenattentat zum Opfer. Unter dem Eindruck dieses Ereignisses führte Alexander III. eine Politik der schärfsten Reaktion durch, die viele Errungenschaften der sozialen Reformära außer Kraft setzte. Es konnte nicht ausbleiben, daß unter solchen Umständen der Wille zur Reform und zur Revolution immer weitere Kreise erfaßte. Die Geschichte des revolutionären Denkens in Rußland war damit vorprogrammiert.

Die Weltanschauung des naturwissenschaftlichen Materialismus wurde als neueste Errungenschaft des europäischen Fortschrittes kritiklos übernommen.

G. W. Plechanow (1856-1918 n. Chr.

G. W. Plechanow gründete mit anderen russischen Emigranten in Genf die marxistische Gruppe „Befreiung der Arbeit". Sie wurde zur Keimzelle der russischen Sozialdemokratie.

V. I. Lenin (Uljanow) 1870-1924 n. Chr.

Die politische Richtung der Sozialdemokratie wurde nicht durch die „legalen russischen Marxisten", die nur die wirtschaftlichen, nicht aber die weltanschaulichen Thesen des Marxismus akzeptierten, sondern durch den revolutionären V. I. Lenin vorgegeben.

Dem 1. Weltkrieg entgegen

Zunächst muß festgehalten werden, daß es zu einem Konflikt zwischen Rußland und Japan kam, als Rußland über die Mandschurei hinaus Ansprüche auf Korea erhob. Dieser Krieg brachte eine schwere Niederlage für das Zarenreich (Kapitulation v. Port Arthur, Aufgabe von Mukden, Vernichtung der baltischen Flotte).

1905 n. Chr., die erste Revolution

In dem Bemühen, sein gesunkenes Prestige durch eine Aktivierung der Balkanpolitik zu beheben, hatte Rußland die schwere Erschütterung der ersten Revolution zu überstehen. Diese Revolution brachte die latente Unzufriedenheit verschiedenster Bevölkerungsschichten zum Ausdruck.

Menschewiken und Bolschewiken

Das Ziel der Menschewiken war, den Sozialismus auf dem historisch bewährten Umweg über eine bürgerliche Revolution zu verwirklichen.

Die Gruppe der Bolschewiken jedoch sah ihr Ziel

darin, die Diktatur des Proletariats zu errichten. – Unrealistisch, unverantwortlichen Einflüssen zugänglich und am Ende von neoslawischen Gedankengängen bestimmt war die russische Außenpolitik in den letzten Jahren vor dem 1. Weltkrieg. Die Ermordung des österreichischen Thronfolgers in Sarajewo und damit die gleichzeitige Unterstützung Serbiens durch Rußland wurde infolge der übereilten russischen Mobilmachung in einer äußerst gespannten weltpolitischen Situation zum unmittelbaren Anlaß für den Ausbruch des 1. Weltkrieges.

Revolution, Bürgerkrieg und Konsolidierung der UdSSR

Der langen Dauer und der schweren Niederlage des Krieges war Rußland materiell und moralisch nicht gewachsen.

Aus neu entstandenen Arbeiter- und Soldatenräten bildete sich zunächst im Februar die sogenannte Februarrevolution. Die Mitglieder der bisherigen Regierung wurden verhaftet und der Zar zur Abdankung gezwungen. Die Macht ging an eine provisorische Regierung. Nach weiteren inneren Spannungen zwischen den Menschewiken und Bolschewiken einerseits und der provisorischen Regierung anderseits wurden führende Sowjets verhaftet (Kamenew und Trotzki), während Lenin die Flucht nach Finnland gelang.

Die Oktoberrevolution 1917

Der militärische und wirtschaftliche Zusammenbruch war trotz aller Bemühungen der provisorischen Regierung nicht aufzuhalten. – Trotzki, der inzwischen wieder in Freiheit war, gelang ein vorbereiteter Putsch zum Sturz der Regierung. Sozialrevolutionäre und Menschewiken wurden überrumpelt, ein „Rat der Volkskommissare", die erste bolschewistische Regierung, unter dem Vorsitz von Lenin, der aus Finnland zurückkehren konnte, gebildet. Auch der letzte Ansatz einer demokratischen Regierung wurde zum Erliegen gebracht; die Diktatur des Proletariats war endgültig konsolidiert.

Im Dezember 1917 wurde zunächst ein Waffenstillstand mit den Mittelmächten unterzeichnet, und im März 1918 wurden im Frieden von Brest-Litowsk die deutschen Bedingungen angenommen.

Die Regierung unter dem Vorsitz von Lenin hatte innerpolitisch noch große Schwierigkeiten zu überstehen. Die Donkosaken im Süden organisierten eine Gegenrevolution (Januar 1918 Ausrufung einer Don-Republik).

Auch andere antibolschewistische Kräfte bildeten sich im Inneren des Landes. Der bolschewistische Staat und seine Rote Armee hatten eine schwere Belastungsprobe eines mehrjährigen Bürgerkrieges zu bestehen.

In den Wirren dieses Bürgerkrieges wurde auch der Zar Nikolaus II. mit seiner Familie von den Bolschewiken im Juli 1918 erschossen.

Gründung der UdSSR am 30. 12. 1922

Die Gründung der UdSSR war zumindest ein notwendiger äußerer Erfolg. Lenin mußte, wenigstens zeitlich beschränkt, unter dem Druck der inneren Verhältnisse, begrenzt auf teilweise privatwirtschaftliche Methoden zurückgreifen.

Die Sowjetunion unter Stalins Führung bis Ende des 2. Weltkrieges

Die wirtschaftliche Konsolidierung, die dringend nötig war, und der Sieg Stalins über seine Gegner in der Parteiführung (Trotzki aus allen Ämtern verdrängt und schließlich 1940 in Mexiko ermordet) leiteten das politische System des Stalinismus ein.

Stalin verkündete bekanntlich den Fünfjahresplan. Sein Ziel war, aus dem zurückgebliebenen Bauernstaat einen Industriestaat zu entwickeln. Zur gleichen Zeit mußte aus dem Bauernstaat eine gewaltsame Kollektivierung der Landwirtschaft hervorgehen. Eine gewaltige Agrarrevolution war nun eingeleitet.

Stalin übte als Generalsekretär der KPdSU eine unbeschränkte, totale Macht aus. Sie beruhte auf einem Regime, das sich in den Jahren 1935 bis 1938 aller potentiellen Gegner entledigt hatte.

Von der allmählichen Aufnahme diplomatischer Beziehungen abgesehen, befand sich die Sowjetunion auch am Ende der zwanziger Jahre noch in einer weltpolitisch isolierten Position.

Es war an der Zeit, die Isolation außenpolitisch zu durchbrechen.

Das Litwinow-Protokoll vom 9. 2. 1929 war ein erster Schritt, es wurde von der SU, Polen, Rumänien und Estland unterzeichnet. Dieses Protokoll stellte eine Art Kollegpakt dar.

Weit schwierigere Probleme stellten sich der sowjet. Außenpolitik in Ostasien, wo die Sowjetunion ihren Einfluß in China weitgehend einbüßte und dem japanischen Vorgehen in der Mandschurei nichts entgegenzusetzen vermochte.

Den Abschluß einer Reihe von Nichtangriffspakten (mit Polen, Lettland und Estland 1932, mit Finnland 1933, am wichtigsten der mit Frankreich v. 29. 11.

1932) leitete eine Entwicklung ein, die durch die Machtübernahme des Nationalsozialismus in Deutschland eine rasche Beschleunigung erfuhr.

Unter <u>Präsident Roosevelt</u> vollzogen die USA die lange hinausgezögerte Anerkennung der SU, die kleine Entente schloß sich an, <u>und am 18. 9. 1934 erfolgte die Aufnahme der SU in den Völkerbund.</u>

Die folgenden politischen Kostellationen führten, zur Überraschung der übrigen Welt und als ein einmaliger politischer Vorgang, die im Grunde gegebenen Erzfeinde, nämlich Hitler und Stalin, an einen Tisch.

<u>Am 23. 8. 1939 kam es zum Nicht-Angriffspakt</u> (Abschluß des Stalin-Hitler-Paktes), der in einem geheimen Zusatzprotokoll der SU Ostpolen, Estland und Lettland und Bessarabien zusprach. Alle diese Gebiete hat die SU im Zuge der Zusammenarbeit mit Deutschland tatsächlich annektiert.

Der Beginn des 2. Weltkrieges

Angeblich war das Gerangel um den polnischen Korridor für Hitler der Grund, gegen Polen in den Krieg einzutreten. Die Anfangserfolge (Blitzkriege Polen-Frankreich-Nordafrika-Jugoslawien) bestärkten und überzeugten Hitler darin, endlich sein persönlichstes und geheimstes Ziel, nämlich die Niederringung des Bolschewismus, in die Tat umsetzen zu können. Trotz unverantwortlicher Unterschätzung des sowjetischen Kriegspotentials gelang den deutschen Heeresgruppen in den Sommerfeldzügen 1941 und 1942 beträchtlicher Raumgewinn bis vor Moskau, an die Wolga und in den Kaukasus. Aber schon der Winter 1941/1942 hatte schwere Rückschläge gebracht und die Katastrophe von Stalingrad (Januar

1943) leitete den unaufhaltsamen Rückzug ein. Auch der Versuch, aus russischen Kriegsgefangenen eine Befreiungsarmee aufzustellen (General Wlassow), wurde viel zu spät (1944) unternommen. Umgekehrt entwickelte die sowjetische Führung nach Überwindung des Schocks eine militärische und politische Zielstrebigkeit, die wesentlich zum Sieg beitrug.

Die Sowjetunion als Weltmacht seit 1945

Nach dem militärischen Sieg im 2. Weltkrieg ging der Machtgewinn der SU, den sie sich in den Konferenzen von Teheran (28. 11. bis 1. 12. 1943), Jalta (Februar 1945) und Potsdam (17. 7. bis 2. 8. 1945) zusichern ließ, weit über die 1940/41 erhobenen Forderungen hinaus. Die SU sichert sich einen beherrschenden Einfluß in einer Reihe vorgelagerter Staaten. Die jeweils herrschenden kommunistischen Parteien in diesen Staaten (Polen, Tschechoslowakei, Ungarn, Rumänien, Bulgarien und Albanien) errichteten „Volksdemokratien" als rein kommunistisch geführte, sowjetische Satellitenstaaten. Parallel verlief die Entwicklung der sowjetischen Besatzungszone Deutschlands zur Deutschen Demokratischen Republik, während in Jugoslawien (1945) und China (1949) die Kommunisten zwar mit sowjet. Förderung, aber im wesentlichen aus eigener Kraft zur Macht kamen. Das rücksichtslose Vorgehen der Sowjetunion, das vor indirekten Aggressionen nicht zurückscheute (Berliner Blockade 1948/49, Koreakrieg 1950/54 usw.) führte zu einer Versteifung der Fronten (Eiserner Vorhang) im sogenannten kalten Krieg. Lediglich der Bruch mit Tito (1948) störte die Geschlossenheit des sowjetisch-kommunistischen „Ostblocks".

Der Tod Stalins am 5. 3. 1953

Der Tod Stalins führte zu einer Änderung der außenpolitischen Taktik. Im Zeichen der nun propagierten friedlichen Koexistenz wurden einige Fronten des kalten Krieges abgebaut (Waffenstillstand in Korea 1953 und Indochina 1954, Staatsvertrag mit Österreich 1955).

Spätestens zu diesem Zeitpunkt konnte man schon eine innerpolitische Labilität beobachten, die allerdings kein Nachlassen der außenpolitischen Aggressivität zur Folge hatte. Für eine innerpolitische Stärkung wurde mit erhöhter Kraft der mit konkretem Inhalt erfüllte Begriff des „Sowjetpatriotismus" weiterhin intensiv propagiert.

Das Problem der Nachfolge Stalins wurde nach außen durch Verkündung des Prinzips der „kollektiven Führung" gelöst. Ein innerhalb des höchsten Parteigremiums sich abspielender erbitterter Machtkampf wurde dadurch nur unzulänglich verdeckt.

Mehrfacher Wechsel in der Führung der SU

Die gewohnte Stabilität der Führung der SU war nach Stalins Tod etwas aus den Fugen geraten. Der von Stalin designierte Malenko mußte bereits im Februar 1955 zurücktreten und wurde durch Chruschtschow ersetzt. – Chruschtschow war nun der Generalsekretär der KPdSU, und gleichzeitig hat Bulganow als Ministerpräsident fungiert.

Eine außerordentlich verbreitete Schicht von technischer Intelligenz und Parteibürokraten verlangte nach Erhöhung des Lebensstandards und eine rechtliche Sicherung ihrer Position. – Auf dem 20. Parteikongreß versuchte Chruschtschow durch offizielle

Proklamation der „Entstalinisierung" diesem Druck Spielraum zu geben. – Im Zeichen einer Rückkehr zu Lenin sollten die Auswüchse des späten Stalinismus beseitigt werden. Die sowjet. Reaktion besteht in einer kaum verhüllten Rückkehr zum Stalinismus, die von China unterstützt, von Jugoslawien bekämpft wird. Wirtschaftliche und gesellschaftliche Voraussetzungen bleiben jedoch bestehen. – Mehr oder weniger markierte Undurchschaubarkeit war in den weiteren Jahrzehnten die Folge.

Die Ära Gorbatschows

Nach dem verstorbenen Generalsekretär Breschnew wurde Gorbatschow sein Nachfolger. Mit Gorbatschow brach eine neue Ära in der Führung der Sowjetunion an. Weltpolitisch durchbrach Gorbatschow den bestehenden eisernen Vorhang und setzte dem Wahnsinn der Weltrüstung weitgehend ein Ende. Innerpolitisch wandte er sich ab von der diktatorisch geführten Planwirtschaft und verkündete die Einleitung einer sozialen Marktwirtschaft, etwa nach dem Muster der westlichen Welt. Diese Umwandlung glich einem ungeheuer schwierigen Prozeß. Es bildeten sich bald Kräfte, die auf eine Rückkehr in das alte Wirtschaftssystem pochten, und andererseits jedoch Kräfte, denen das Bemühen Gorbatschows nach neuen Wirtschaftsstrukturen nicht schnell genug gehen konnte.

Boris Jelzin wird Präsident der GUS

Gorbatschow, der vor allem in der Welt ein hohes Ansehen sich erworben hatte, wurde leider durch den entstandenen innerpolitischen und wirtschaftlichen Wirrwarr von der Führung verdrängt und Boris Jelzin der erste gewählte Präsident der GUS.

Es ist unschwer zu prophezeien, daß dieses Riesenreich (das russische Volk) einen schweren politischen und wirtschaftlichen Wandlungsprozeß durchzustehen haben wird.

Zu befürchten ist dabei, daß ein Parteiensystem entsteht nach westlichem, mangelhaftem Muster.

5.
Amerika, das Land
der unbegrenzten Möglichkeiten!

Wohl kaum ein Volk hat den Freiheitsbegriff schon von Beginn seiner Entwicklung, so sehr in Anspruch genommen wie das amerikanische Volk. Schon für die ersten Kolonisten war, bedingt durch die Art der Schaffung ihrer Existenz, ein Leben in Freiheit; d. h. Freiheit dem Individuum, Freiheit in der Gemeinschaft, ein fester Begriff. Diese freiheitliche Auffassung zog und zieht sich wie ein roter Faden durch die ganze amerikanische Geschichte bis herein in die Gegenwart.

Das Charakteristikum Amerikas

Wie schon eingangs einmal erwähnt, hat alles, was man auch betrachten möge, zwei Seiten. Diese „Weisheit" trifft auch zu, selbst bei eiligem Durchblättern der amerikanischen Geschichte. Auch im Rahmen dieser Niederschrift kann nur in groben Zügen eine Betrachtungsweise durchgeführt werden.

Erst die eine Seite

Die Geschichte Amerikas wird über 200 Jahre geschrieben. Natürlich ist damit Amerika, gegenüber den alten Kulturen anderer Länder auf diesem Planeten, ein junges, ja ein neues Land. Muß diese Tatsache denn ein Nachteil sein? Es liegt nahe, nein zu sagen; Amerika ist frei von alten politischen Strukturen und Traditionen, die einem alten geschichtsträchtigen Volk oft nachweisbar, in der Vergangenheit, große Lasten aller Art gebracht hat. Es hat sich im Verlauf der jungen amerikanischen Geschichte geradezu eingebürgert, daß jeder Amerikaner/in wähnt in seinem Lande am freiesten zu leben.

Das Zwei-Parteiensystem

In Amerika besteht das Zwei-Parteiensystem, wenigstens nur zwei Parteien, und nicht wie in vielen anderen Ländern das Mehr-Parteiensystem.

Es wird in der Tat im Parlament lange nicht soviel geredet und zerredet wie in einem Mehrparteiensystem. Schließlich herrschen in einem Zwei-Parteiensystem naturgemäß nur zwei Meinungen vor, während in einem Mehr-Parteiensystem bei jeder Lösung eines Problems oft sechs und noch mehr Meinungen aufeinander prallen. Die Folge ist, daß sich die Frage einer Lösung nicht selten um Monate oder auch Jahre verzögert. Amerika kann auf Grund seines politischen Systems schneller Entschlüsse und Entscheidungen treffen. Nicht selten wurde dies in der Geschichte Amerikas unter Beweis gestellt. Trotzdem gab es und gibt es bedauerlicherweise im Parlament oft harte, verbale Gefechte innerhalb der Parteien.

Amerika, so sagt man, ist ein reiches Land. Amerika hat, dank der fast unbegrenzten Freiheit, eine Wirtschaft aufgebaut, die selbst eine Ausstrahlung weit über die eigenen Landesgrenzen hat. Die Wallstreet ist der Inbegriff eines weltwirtschafts- und finanzpolitischen Zentrums in New York. Man ist geneigt zu sagen, daß die Wallstreet weitgehend die „Börse und Wirtschaftstemperatur" jeweils in die übrige führende Welt signalisiert.

Die unbegrenzte Freiheit bringt auch unbegrenzten beruflichen Aufstieg, wenn man dazu clever und tüchtig ist. Daher ist das geflügelte Wort „vom Tellerwäscher zum Millionär", wenn auch nicht immer sprichwörtlich, so doch wenigstens dem Sinne nach oft Realität geworden.

Ein Anziehungspunkt für viele Amerikaner und Touristen ist nach wie vor Washington, das eindrucksvolle Standbild eines Abraham Lincoln und dabei erinnert wird an seine großen Worte, „daß die Herrschaft des Volkes durch das Volk und für das Volk auf dieser Erde nicht erlösche".

Auch einem Thomas Jefferson, den dritten Präsidenten der Vereinigten Staaten, wurde in der Bundeshauptstadt ein Monument gewidmet und mit seinem folgenden Zitat verewigt: „Nichts ist mit größerer Gewißheit in das Buch des Schicksals geschrieben, als daß die Menschen bestimmt sind, frei zu sein."

Diese bewegenden Worte der amerikanischen Präsidenten, die auch ein großes Freiheits- und Demokratiebekenntnis markieren, haben beim amerikanischen Volk stets einen erkennbaren Niederschlag gefunden.

Nun die andere Seite

Objektiverweise muß man auch den Mut haben, die andere Seite der amerikanischen politischen und wirtschaftlichen Struktur, wenn auch nur in groben Zügen, einer Durchleuchtung zu unterziehen.

Sind die wohlgemeinten freiheitlichen Worte der amerikanischen Präsidenten auch immer richtig verstanden worden?

Haben dieselben Präsidenten wie z. B. der eben

zitierte Präsident Thomas Jefferson sich nicht auch anders geäußert? Zitat:

„Es ist nicht weniger gewiß, daß die beiden Rassen, gleichermaßen frei, nicht unter derselben Regierung leben können."

Oder, wie der Journalist und ehemalige Chefredakteur beim „Stern" und bei „GEO" Rolf Winter, Ronald Reagan zitierte, als er noch nicht Präsident war. Reagan sagte über die schwarzen Amerikaner: „In dem Land, aus dem sie kommen, essen sie sich gegenseitig zu Mittag."

Nur einige Aufzeichnungen sollen die unerfreuliche Situation, im Hinblick auf den Rassismus vergegenwärtigen; Rolf Winter schreibt in seinem Buch „Ami Go Home":

Die schwarzen Amerikaner machen 12% der Gesamtbevölkerung aus, aber sie stellen 62% derjenigen Amerikaner, die dauerhaft unterhalb der amtlich festgesetzten Armutsgrenze leben.

Der schwarze Amerikaner trägt nur 56% des Lohnes, den ein weißer Beschäftigter hat, nach Hause.

Das Durchschnittsnettovermögen der weißen Haushalte betrug im Jahre 1987 an Dollar: 32.667,-; das der schwarzen Haushalte an Dollar: 3397,-.

Auch die menschlichen Erfolge des Bürgerrechtsführers Dr. Martin Luther-King, schienen führenden Hintermännern wohl zu gefährlich; er mußte sterben. Es wäre über üblen Rassismus noch vieles zu berichten; jedoch mögen die wenigen Aufzeichnungen in diesem Zusammenhang genügen.

Die Finanz- und Wirtschaftslage in Amerika

Der Politologe Howard Zinn von der „University of Boston" sagte:

„Wenn man uns nach den rationalen und humanen Kriterien bei der Nutzung unserer Ressourcen beurteilt, so haben wir versagt."

Amerika war 1945 praktisch das reichste Land der Welt. Inzwischen ist Amerika der größte Schuldner der Welt geworden.

April 1989: Amerika über 2 Billionen Schulden.

Im Jahr 1986: Amerika verkauft über 260 große amerikanische Unternehmen an Ausländer.

Im Jahr 1987: über 435 amerikanische Großunternehmen in japanischen Besitz.

Wirtschaftsexperte Pat Choate

„Die Japaner könnten bis Ende der 90er Jahre in einer Position sein, in der sie unsere Wirtschaft auf allen wichtigen Gebieten dominieren." 1959: waren noch 44 der weltgrößten Unternehmen amerikanisch.

1988: waren es nur noch 20 Unternehmen.

1986: Das deutsche Anlagekapital in den Vereinigten Staaten überstieg erstmals seit Kriegsende das der Amerikaner in der Bundesrepublik Deutschland.

Wer erinnert sich nicht an den berühmt-berüchtigten sogenannten „schwarzen Freitag!" 85 000 Unternehmen machten Pleite, 5000 Banken schlossen ihre Schalter für immer, und 9 Millionen Sparkonten waren nichts mehr wert.

Abschließend bedeutungsvolle Worte großer Persönlichkeiten

Athenagoras, Patriarch von Konstantinopel:
„Demokratie und Bibel - das ist der American way of life."

Johann Wolfgang von Goethe:
„Amerika, du hast es besser als unser Kontinent, der alte."

Peoples Bicentennial Commission:
Wir wissen, daß etwas sehr verkehrt ist mit unserem Land, aber wir wissen nicht was."

Heinrich Heine, Dichter:
„Manchmal kommt mir in den Sinn, nach Amerika zu segeln, nach dem großen Freiheitsstall, der bewohnt von Gleichheitsflegeln."

Wernher von Braun, deutsch-amerikanischer Raketenforscher, im Jahr 1971:
„Wenn Amerika wirklich in die Hände spuckt und sagt: Jetzt wollen wir mal zeigen, was eine Harke ist, wir wollen mal einen Mann auf dem Mond landen, dann bleiben die Russen eben weit zurück."

6.
Das große Land China
und seine Jahrtausend- Geschichte

Um der Absicht und dem vorgegebenen Ziel dieser Niederschrift gerecht zu werden und dem Bereich einer gewissen „Weltschau" näher zu kommen, drängt sich die Notwendigkeit geradezu auf, eine Geschichtsbetrachtung dieses großen, kulturträchtigen Landes, wenn auch nur in kurzen Zügen, nachzuzeichnen.

Wie schreibt schon ein Diderot über China:

„Diese Völker sind allen anderen Völkern überlegen an Alter, Geist, Kunst, Weisheit, Politik und in ihrem Geschmack für die Philosophie."

Und was meint unser großer Denker Voltaire über China:

„Die Grundsubstanz dieses Reiches hat Jahrtausende überdauert, ohne daß sich das Recht, die Sitten, die Sprache, ja selbst die Kleidung merklich verändert hätten."

Allein die Äußerungen dieser beiden großen Schriftsteller lassen erahnen, mit welchem Lande man es geschichtlich und kulturell zu tun hat.

Legende und Geschichte

Jede Geschichte, auch die chinensische, beginnt mit Lengenden. Wic in anderen Kulturen treten Schöpfergottheiten und Kulturheroen auf, die aber bald zurücktreten hinter Herrschergestalten, die die Welt in Ordnung bringen.

Seitdem jedoch die Spuren vergangener Zeiten ausgegraben wurden, weiß man mehr vom wirklich Geschehenen. In Form von Töpfen, Grabanlagen und allerlei Gebrauchsgütern hat sich dem Archäologen weitgehend ein Bild der chinesischen Frühzeit erschlossen.

Hervorragende Ergebnisse zeichneten sich ab. Eingeritzt in die Knochen vom Rind oder in Schildkrötenpanzer schichten sich die Kulturreste aufeinander bis zu den Spuren jener Städte, die nacheinander die Hauptstadt des frühesten geschichtlich faßbaren chinesischen Reiches waren: Shang oder Yin genannt. Hier greifen Ausgrabungen und schriftliche Überlieferungen ineinander. Hier kennt man die Namen der wirklichen Könige und im groben Umriß das Bild von der frühesten chinesischen Gesellschaft bestimmt durch Königsherrschaft, Adelsgesellschaft, Handwerksform und Opfersklaventum.

Das Reich der Chinesen und ihr wahres Gesicht

Beim Studium der Geschichte Chinas signalisiert ihre jahrtausende alte Entwicklung die Wahrheit einer alten erwiesenen Naturgesetzmäßigkeit und Polarität. Neben einer bewundernswerten Kultur- und Friedensentwicklung zieht sich auf der anderen Seite, wie ein roter Faden, von Kriegen und Revolutionen aller Art gezeichnete Geschichte.

Die eine Seite

2850 v. Chr. schon hat Kaiser Fuhsi mit Hilfe seiner erhabenen Kaiserin seinem Volk gelehrt von der Ehe, Musik, das Schreiben, Malen, das Fischen mit Netzen, die Zähmung von Tieren, das Füttern von Seidenraupen zur Gewinnung von Seide.

Shengnung, der Nachfolger, führte den Ackerbau ein, begründete Märkte und Handel, die medizinische Wissenschaft, und bald erfanden die Chinesen das Spinnrad und entdeckten die Wirkung des Magneten. Es entstanden die ersten Ziegelbauten, ein Observatorium zum Studium der Sterne.

Das Zeitalter der Philosophen

Laotse 604-517 v. Chr.: Laotse ist der größte der vorkonfuzianischen Philosophen. Laotse glaubte einmal ein vermeintlich wahres Wort über die Philosophen aussagen zu müssen. Er sagte: „Ihre Fähigkeit, Reden zu halten und immer neue Ideen zu entwickeln, ist das beste Zeichen ihrer Unfähigkeit zu handeln."

Konfuzius 551-478 v. Chr.: Sein Vater starb, als er 3 Jahre alt war. Mit 19 Jahren heiratete er und ließ sich mit 23 Jahren wieder scheiden. Mit 22 Jahren begann seine Laufbahn als Lehrer.

Drei Dinge, die sein Leben bestimmten:
1. Die Geschichte
2. Die Dichtkunst
3. Die Formen des Anstandes

Mit seinen Schülern wanderte er durch die Lande. Schließlich im Fürstentum „Lu" in ein öffentliches Amt als oberster Richter und später sogar zum Justizminister berufen.

Sein Lebensprinzip war lernen und wieder lernen.

Nachdem er mit seinem Fürsten nicht mehr in Harmonie arbeiten konnte, verließ er ihn und ging wieder mit einigen seiner Schüler auf Wanderschaft. Die restlichen 5 Jahre seines Lebens verbrachte Konfuzius in seinem Heimatstaat „Lu" und starb, verehrt von seinem Fürsten und Beamten, mit 72 Jahren.

Seine Philosophie:

1. Ordnen des Staates
2. Einigen der Familien
3. Bildung der Person
4. Das Ordnen der Seele
5. Ideen wahr machen
6. Mit Erkenntnissen ans Ziel kommen
7. Durch Erkenntnisse erfaßen der Wirklichkeit

Konfuzius und seine Anhänger suchten in Ritus und Musik immerzu den Geist des alten China zu retten, zu fördern und zu vertiefen sowie durch sein Vorbild und Erziehung auch Herrschaft und Autorität zu bewahren.

Der konfuzianische Staat

Das Wesen des konfuzianischen Staates, der sich nun zu formen begann, ist darin zu sehen, daß er eine politische und kultische Einheit zugleich darstellte. Der Kaiser war als „Sohn des Himmels" gleichsam kultischer Sachwalter des Erdkreises, den er mit Hilfe eines Beamtenkorps und einer Kadertruppe zugleich beherrschte. Die politische Einheit ist oft zerfallen. Sie blieb aber immer das Ziel des konfuzianischen Staatsgedankens, sein Fundament bildete stets die kultische Einheit, die unabdingbar blieb und die politische Entwicklung vorangetrieben hat. Unbewußt spielt dieser Gedanke auch heute noch im kommunistischen Staatsanspruch eine gewisse Rolle.

Der Kaiser besaß Hofstaat und Palast als kultisches Symbol seiner Weltherrschaft.

Der Bezug zu Himmel, Erde und Gestirnen, zu Ahnen und Volk kam darin in der Orientierung nach den Himmelsrichtungen und in den Tempelanlagen zum Ausdruck.

Das Beamtenkorps sollte sich aus den Fähigsten der im konfuzianischen Sinn Gebildeten zusammensetzen. Trotzdem, unter dem Deckmantel des Einheitsgedankens, der Frieden und Harmonie verhieß, vollzogen sich die Machtkämpfe zwischen Lokalherren und Beamtencliquen. Periodisch schwankend zwischen relativem Wohlstand und bitterstem Elend, suchte z. B. das chinesische Bauernvolk sein Auskommen, wo immer es sich anbot.

Je weiter aber die Entwicklung voranschritt, um so deutlicher sollte sich herausstellen, daß es die konfuzianische Lehre war, die mittels der Ausbildung der Beamten dem Geist des Staates und seiner Kultur eine einheitliche Form gab.

Das hat in der „Han-Zeit" begonnen, wenn auch erst viel später der einheitliche konfuzianische Staat volle Wirklichkeit wurde.

Die chinesische Kultur

Hier ist von der Eigenart der chinesischen Kultur zu sprechen, die über politische Gestaltung hinweg das Gesicht Ostasiens geformt hat. Das Politische war ein Teil dieser Kultur, aber als Zusammenspiel einer verfeinerten Lebensform mit hochentwickelten geistigen

Leistungen in Kunst, Literatur und Philosophie hat sie ihre Umwelt geprägt und beeinflußt. Zu den wichtigsten Zivilisationsgütern zählten Seide und Papier, Mode und Luxusgüter, später kamen das Porzellan, der Buchdruck und alle Arten von Kunsthandwerk dazu.

Technische Erfindungen fehlten nicht, wie Kompaß, Pulver, Schiebkarren, Segelschlitten u. a., von denen nicht wenige den Weg nach Europa gefunden haben. Seit der „Han-Zeit" gehörte das alles zweifellos auch in den Zusammenhang eines mächtigen und ausgewogenen Herrschaftssystems, das getragen war von uralten geistigen Überlieferungen.

Der Buddhismus

Die bedeutendste geistige Macht des chinesischen Mittelalters ist der Buddhismus. Die Anfänge buddhistischer Missionstätigkeit gehören mit Sicherheit in die „Han-Zeit", aber erst nach dem Untergang der Han wird der Buddhismus allmählich eine geistige und gesellschaftliche Macht. Besonders im Norden nahmen sich die nichtchinesischen Herrscherfamilien dieser fremden Religion an, offenkundig weil sie weniger Anteil an der geistigen Überlieferung Chinas hatten. Die berühmten Buddhabildnisse in den Felsgrotten von Yünkang und Lungmen sind noch heute sichtbare Zeugnisse dafür. Aber auch im Süden wurde der Buddhismus in der führenden Gesellschaft rasch eingeführt. Es handelt sich um die zunächst besonders in Nord- und Nordwest-Indien verbreitete Mahayäna-Form der Lehre Buddhas, die über Zentralasien nach China kam. Wichtig ist, daß nicht eine Kirchenorganisation entstand, vielmehr suchten lose miteinander verbundene Klöster und

Tempel jeweils in ihrem Bereich zu wirken. Es entstanden verschiedene Schulen, die zu verschiedenen Zeiten verschieden große Popularität genossen.

China und Ostasien brachte der Buddhismus eine wichtige Bereicherung des kulturellen Lebens. Er wirkte nicht nur anregend auf das Nachdenken über das Wesen der Welt und des menschlichen Lebens, sondern er belebte auch in vielfältiger Form Wirtschaft und Gesellschaft. Die Klöster wurden zu Vermittlern für Handel und Gewerbe, sie förderten die bildende Kunst und das Kunsthandwerk. Bemühungen, die Lehren Buddhas im Volk zu verbreiten, führten zu literarischen Erzeugnissen in einer volksnahen Sprache.Die Anregung, die vom Buddhismus ganz allgemein ausging, fiel auf fruchtbaren Boden.

Der Buddhismus faßte in der chinesischen Kultur Fuß, aber er mußte sich der neuen Umwelt anpassen. Der Buddhist verneint die Welt der Dinge als Wirklichkeit, er sucht Befreiung von ihr. Dem Chinesen dagegen ist die Welt der Wirklichkeit vertraut. Er sucht, basierend auf einer durchgreifenden sozialen Ordnung, in Familienglück und irdischem Wohlstand „das Beste" herauszuholen. Das eingewurzelte Chinesentum hielt an den ihm vertrauten Formen des Konfuzianismus fest. Doch äußerte sich das zunächst nur insoweit, als der Buddhismus in China nach und nach ein chinesischer Buddhismus wurde. Anders als das Christentum in Europa veränderte der Buddhismus in China seine Umwelt auf die Dauer weniger, als daß er von ihr verändert wurde.

Und nun die andere Seite

Es wurde versucht auf der „einen Seite" ein Bild darzustellen, wie das chinesische Volk, dieses große

Reich, durch die Jahrtausende von Kultur und Religion durchgängig und für die übrige Welt beeindruckend sich entwickelt hat und geprägt wurde. Andererseits aber auch, wie durch die Jahrtausende sich Kaiserreiche, Dynastien, Großfürsten und Großgrundbesitzer gegenseitig erbitterte Kriege und Auseinandersetzungen aller Art lieferten. Ausgrabungen aus der Frühzeit haben ergeben und waren schon bestimmt durch Königsherrschaft, Adelsgesellschaft, Handwerksfron und Opfersklaventum.

Das Reich Shang oder auch Yin genannt

Im Gebiet der heutigen Provinz Honan schichteten sich die Kulturreste aufeinander bis zu den Spuren jener Städte, die nacheinander die Hauptstadt des frühesten geschichtlich faßbaren chinesischen Reiches waren:

Shan oder Yin genannt. Hier greifen Ausgrabungen und schriftliche Überlieferung ineinander. Zeitlich datiert wird die Shang-Kultur zwischen das 15. und 11. Jahrhundert v. Chr.

Das Königreich der Chou

Gegen Ende des 11. Jahrhunderts trat eine Wende ein. Vom Westen wurden Stadt und Land Shang erobert. Mit ihren Kriegswagen und halbwilden Kriegsvölkern brachen die Eroberer ein und töteten König und Hofstaat. Sie siedelten Teile der angestammten Bevölkerung um und erbauten abgesetzt von der alten Königsstadt eine neue, die „Stadt am Lo Fluß" genannt. Was sich allmählich aus den Resten des räumlich noch begrenzten Shang-Königtums als neue

Herrschaft bildete, ist unter dem Namen <u>Chou</u> bekannt. Dem König schuldeten die Lehnsherren Tribut und Kriegsgefolgschaft. Bauern und Handwerker zählten zum „unterworfenen Volk".

Der Umbruch der Chou-Gesellschaft

Die Entthronung des Chou-Königs durch Lehnsfürsten im Jahre 772 v. Chr. ist wohl schon ein Ausdruck der veränderten sozialen, politischen und wirtschaftlichen Verhältnisse, die die weitere Entwicklung bestimmten.

Wirtschaft und Verkehr dehnten sich in jener Zeit über ganz Nord- und Mittelchina aus. Militärische Macht bestimmte über politischen Einfluß.

Bis zum 3. Jahrhundert standen sich nur noch zwei Mächte um die Vorherrschaft in China gegenüber: <u>Chin</u> im Nordwesten und <u>Chou</u> im Süden.

Der erste Kaiser von Chin

Wirtschaftlich am weitesten entwickelt, politisch neu organisiert und militärisch gerüstet, wurde Chin um die Mitte des 3. Jahrhunderts der mächtigste chinesische Teilstaat. Im Jahre 256 v. Chr. mußte der letzte Chou-König abdanken.

Im Jahre 221 v. Chr. war ganz China ein Herrschaftsgebiet geworden. Der Herrscher von Chin nannte sich „Erster Kaiser von Chin". Der Landesname wurde zum Namen einer Dynastie und damit auch ganz Chinas.

Nach Norden wurde die Grenze gegen den Hsiungnu- Stammesbund (Vorläufer der Hunnen) gesichert, indem man die bestehenden Grenzbefestigungen der Teilstaaten zu einem einheitlichen System einer „Großen Mauer" verband. Innenpolitisch wurden die letzten Reste eigenständiger Fürstenherrlichkeit beseitigt und das ganze Land in Gaue und Kreise eingeteilt. An der Spitze entwickelte sich eine zentrale Staatsverwaltung, deren wichtigste Aufgabe die Erfassung und Verteilung der Naturalsteuern war.

Am berühmtesten wurde aber die Schriftform im Jahre 213 v. Chr. Sie hat eine einheitliche Schrift- und Amtssprache schaffen helfen, die den verschiedenen Volkssprachen den Bestand des Einheitsgedankens bis heute gesichert hat.

Bis heute aber ist die Regierungszeit dieses „Ersten Kaisers" als Zeit der finsteren Tyrannei empfunden worden, wohl nicht ganz ohne Grund, auch wenn das allzu schroffe Urteil von einer späteren konfuzianischen Geschichtsschreibung gewollt erscheint.

Das Weltreich der Han

Nach dem Tode dieses „Ersten Kaisers" im Jahre 210 v. Chr. brachen überall Aufstände aus. Die Einheitsherrschaft war in vielen Fällen nichts weiter als Mißwirtschaft gewesen. Reste des Adels suchten besonders im Süden ihre Rechte wieder zu gewinnen. Die Bauernmassen wollten vor allem Ruhe und Gerechtigkeit. Erst um 206 v. Chr. gelang es, eine neue zentrale Herrschaft unter dem Namen „Han" auszubauen. Sie hat über 400 Jahre lang bestanden und das kaiserliche China als konfuzianischen Staat begründet.

Um 100 v. Chr. war China zu einem Weltreich geworden, dessen Macht auch in den übrigen Teilen Süd- und Zentralasiens anerkannt wurde.

Das Ende der „Han"

Der Höhepunkt der Weltgeltung des „Han"-Reiches um 100 v. Chr. war bald überschritten. Etwa 100 Jahre später übernahm ein Usurpator mit Namen Wang Mang die Herrschaft (9-23 n. Chr.) und versuchte gerade mit Hilfe der konfuzianischen Schule eine Reihe von Reformen durchzuführen:

Auflösung des Großgrundbesitzes, Ansiedlung landloser Bauern, Einrichtung von Staatsmonopolen für Salz, Wein und Eisen. Aber diese wirtschaftliche Stärkung der Staatsgewalt ging schließlich zu Lasten des Volkes. Wieder beendeten Bürgerkriege diese Zwischenzeit, aber derjenige, der dann die Vorherrschaft übernahm, hieß „Ts'ao Ts'ao." Er übernahm die Vorherrschaft, allerdings auf Kosten chinesischen Bodens. Er siedelte „Hsiungnu-Stämme" im eigentlichen China an, die später noch weiter vordringen und eine Epoche bestimmen sollten. Der Sohn des Generals „Ts'ao Ts'aö zwang den letzten Han-Kaiser im Jahre 220 n. Chr. zur Abdankung.

Teilung und Einheit

Die nachfolgenden vier Jahrhunderte waren bestimmt von Teilungen und Versuchen zur Wiederherstellung der Reichseinheit im Sinne der Han.

Ts`ao Ts`ao, dem General, Politiker (und Dichter), gelang die Zusammenfassung nicht. In der Schlacht an der „Roten Wand" im mittleren Yangte-Tal (208 n. Chr.) konnte sich der Süden gegen den Vorherrschaftsanspruch des Nordens behaupten. Ts'ao Ts'aos Sohn nannte sich „Kaiser", aber neben ihm bestanden zwei unabhängige Gewalten in Südost- und Südwest-China. Ein halbes Jahrhundert dauerte diese Dreiteilung an, die Zeit der „Drei Reiche" genannt, in der chinesischen Volksüberlieferung als Zeit der Helden ausgedeutet.

Nachdem im Jahre 263 n. Chr. der Südwesten wieder an die Hauptmacht im Norden angeschlossen war, übernahm zwei Jahre danach eine neue Dynastie unter dem Namen Chin die Herrschaft. Damit war ganz China wieder ein einheitlicher Staat. Er beruhte auf der Macht einer Herrenschicht, deren Mitglieder Großgrundbesitzer, hohe Beamte und führende Militärs zugleich waren. Einem Beamten von Rang wurde das zehn- bis fünfzehnfache an Grund und Boden gegenüber dem einfachen Bauern zugestanden. Außerdem lebte er steuerfrei. Die Literatur seiner Zeit gibt uns Zeugnis, daß leider wiederum in der höheren Schicht Korruption und Verschwendungssucht vorherrschten. – Allmählich durch Mißwirtschaft geschwächt und von Cliquenkämpfen zerrissen, fiel der neu geeinte Staat im Jahre 311 n. Chr. einer Hsiungnu-Invasion zum Opfer. China war wieder geteilt und blieb es von nun an 270 Jahre lang.

Wiedervereinigung

Im Jahre 581 n. Chr. gründete von Nordwesten aus ein General die neue Dynastie „Sui". Er brachte wenig später nicht nur die Zusammenfassung des Nordens zuwege, sondern auch die Niederwerfung der letzten Süd-Dynastie.

Das Weltreich der T'ang

Der Name der neuen Dynastie war T'ang (618 bis 907 n. Chr.). Vielleicht ist diese Dynastie die glorreichste gewesen, sicher war das China jener Zeit der mächtigste Staat der Erde, selbst wenn man zugeben muß, daß auch hier wieder nach einem anfänglichen Aufschwung in allen Lebensbereichen Krisen, Aufstände und Erschütterungen von außen folgten, die nach drei Jahrhunderten das Ende der Dynastie herbeiführten.

Innerhalb der drei Jahrhunderte brachte die Politik dem Kaiser große Erfolge. Er herrschte im 7. Jahrhundert von Nordkorea bis zum Aral-See in Westsibirien und von der mongolischen Steppe bis tief nach Vietnam hinein. Zu dem wirtschaftlichen Aufschwung im Innern ein zunehmender Außenhandel über Land und See, der die Länder der alten Welt in einem bisher noch nicht gekannten Umfang wirtschaftlich und kulturell einander näher brachte.

In der zweiten Hälfte des 8. Jahrhunderts gab es jedoch heftige Rückschläge. Ein Problem zieht sich wie ein roter Faden durch die chinesische Geschichte: Wie stark kann oder muß eine Zentrale sein, um die immer wieder sich ausdehnenden Gebiete noch einheitlich verwalten zu können?

Welchem Prinzip gebührt der Vorrang: Zentralismus oder Regionalismus?

Gerade die T'ang-Zeit stellte das Problem noch einmal neu: Die Verletzlichkeit der langen, offenen Grenzen und die Unruhen in den Provinzen zwangen zur Schaffung starker regionaler Militärgewalten, die die Zentralen schwächen mußten, bis China nur noch einem Staatenbund mit imperialer Spitze glich. Dieser Zustand leitete die erneute und letzte Teilung ein.

Wir würden aber das Wesen der T'ang-Zeit verkennen, wenn man nicht ihr geistiges und kulturelles Prestige berücksichtigen würde, das ihr durch alle nachfolgenden Zeiten zuerkannt worden ist.

Gegen Ende des 9. Jahrhunderts ging die lange Herrschaft der T'ang allmählich ihrem Ende zu, begleitet
von furchtbaren Aufständen und nicht minder furchtbaren Befriedungsfeldzügen. Die nachfolgende Periode wird gemeinhin die Zeit der „Fünf Epochen" genannt. Das sind die rasch aufeinanderfolgenden
„Dynastien", d. h. Militärherrschaften im Norden.

Der Sung Staat

Aus den fortdauernden Kriegen, die die fünf Dynastien im Norden gegeneinander und gegen äußere
Feinde (Uigur, Ch'itan, Tibeter) führten, erwuchs
um 960 n. Chr. ein neuer Kristallisationspunkt der
Macht, der zur Gründung der Sung-Dynastie führte.
Trotz Gefahr aus dem Norden ist China seit der Zusammenfassung durch diese Dynastie nicht mehr aus-
einandergefallen. China ist seitdem bis zum heutigen
Tage in sich eine politische Einheit geblieben. Die
Sung schufen den eigentlichen chinesischen Beam-
tenstaat, dessen „Mandarine" bis in die neueste Zeit
Geltung gehabt haben. Im 11. Jahrhundert setzte
auch der Umlauf von Papiergeld ein. Kurzum: China
war in der Sung-Zeit reicher als je zuvor.

Aber wieder gelang es dem Großgrundbesitzer,
nun im Verein mit dem mächtig gewordenen Groß-
händler in der Stadt, Landwirtschaft und Gewerbe zu
beherrschen und zu kontrollieren. Am Ende zog das
abermals verelendete Bauerntum den innerlich ausge-
höhlten Staat mit sich in den Abgrund. Im Jahre 1127
n. Chr. erlag die Dynastie zum ersten Male einem
Angriff der Juchen aus der Mandchurei, große Teile
Nord-Chinas fielen ihnen zum Opfer, und im Jahre

1276 n. Chr. eroberten die Mongolen ganz China bis an die Küste des Südchinesischen Meeres. So endete die Sung-Zeit, die jedoch vor allem bedeutsam war, weil in dieser Zeit die philosophischen Lehren ausgearbeitet wurden, die bis zum 19. Jahrhundert die chinesische Bildung bestimmt haben.

Die Mongolenzeit

Die Mongolenzeit schließt wieder eine Epoche ab und leitet eine neue ein. Das China nachher ist in seinen Grundformen noch das China des 19. Jahrhunderts. Die Mongolen haben die südwestlichen Provinzen zu ihrem Stammland dazugeschlagen und in Peking eine neue Zentrale geschaffen.

Zugleich haben sie und ihre Vorläufer, die Juchen, einen Nationalismus geweckt, der die Chinesen zum erstenmal sich als Volk empfinden ließ.

Die Mongolen machten sich dadurch nicht beliebter, daß sie das politische Problem der Regierung ganz Chinas neben ihrem Weltreich durch die Schaffung neuer sozialer Klassen zu lösen suchten.

Für einige Jahrzehnte bestand ein freier Verkehr innerhalb der alten Welt, auf dessen Spuren so mancher europäische Reisende nach China gekommen ist. Marco Polo ist der berühmteste geworden, er war keineswegs der einzige. Die interne Politik der Mongolen jedoch mußte über kurz oder lang den erbitterten Widerstand der Chinesen herausfordern. Selbst mongolische Würdenträger eigneten sich ungeheuren Grundbesitz an und pflegten den Hauptteil des Ertrages als Pacht einzuziehen. Wirtschaftliche Verluste wurden durch Geldanleihen ausgeglichen, für die wieder 100% Zinsen zu zahlen waren, und alles Gewerbe geriet mehr oder weniger in die Hände der

Fremden. – So kam, was kommen mußte, in allen Teilen des Reiches bildeten sich kleinere und größere Aufstandsbewegungen, deren Anführer rasch zu mehr oder weniger unabhängigen lokalen Machthabern wurden.

Diese Aufstände standen zum großen Teil in Verbindung mit der „Sekte des Weissen Lotos", einer mit Aberglauben verbundenen buddhistisch-taoistischen Volksreligion. Das Weltreich ist in Aufruhr, Buddha wird wiedergeboren, ein erleuchteter Herrscher wird erscheinen. So lautete der Ausruf der Propheten; sie gewannen große Mengen von Anhängern unter den verelendeten Bauern. Einer dieser Propheten gab sich dazu für einen Nachkommen der Sung-Herrscher aus und erklärte die Mongolen-Dynastie für abgesetzt.

Einem weiteren „Bettelmönch", Chu Yüanchang, der durch ungewöhnliche Fähigkeiten nach und nach an die erste und oberste Stelle rückte, gelang es schließlich, die Mongolenherrschaft zu überwinden und zu stürzen.

Das Ming-Reich

So wurde aus dem revolutionären Proletarier kleinbürgerlicher Herkunft ein Fürst und schließlich ein Kaiser, als er 1368 n. Chr. in Nanking die Ming-Dynastie begründete. Die Herrschaft der neuen Dynastie wurde zunächst nach dem Vorbild der Sung organisiert, mit einem Reichskanzler an der Spitze.

Doch bald wurden dem Kaiser der Kanzler und mit ihm das Beamtentum zu mächtig. Er beseitigte das praktisch seit der Han-Zeit bestehende Kanzleramt und unterstellte die Exekutivorgane unmittelbar dem Kaiser selbst. Die wichtigsten dieser Organe waren die sechs Ministerien (für Zivilbeamte, Staatshaushalt, Kultus, Militär, Strafjustiz, öffentliche Arbeiten), das Zensorat als unabhängige Kontrollinstanz aller zentralen und regionalen Instanzen. Diese Organisation bestand im wesentlichen unverändert bis zum Beginn des 20. Jahrhunderts.

Nach außen reichte der Einfluß des Min-Reiches bis nach Vietnam, Korea und Zentralasien. Es begannen auch die größten und weitreichendsten Unternehmungen zur See, die Chinas Geschichte kennt. In den Jahren 1405 bis 1433 n. Chr. segelten mehrmals große chinesische Flotten mit über 50 Kriegsschiffen, die insgesamt bis zu 27000 Mannschaften und Soldaten mit sich führten, durch die Malakkastraße über Indien bis in den Persischen Golf und an die Ostküste Afrikas.

Die Abwehr der Mongolen war eine ständige Sorge der chinesischen Regierung. Ende des 14. und Anfang des 15. Jahrhunderts n. Chr. fanden mehrere große Feldzüge, teilweise unter persönlicher Leitung des Kaisers, statt, die die chinesischen Heere bis an die Grenzen Sibiriens führten.

Die Mongolengefahr für immer mit Erfolg abzuwehren, begann man durch den Ausbau des alten nördlichen Befestigungsgürtels zu einer durchlaufenden, festen „Großen Mauer", einem monumentalen Bauwerk von etwa 2000 km Länge, das teilweise heute noch zu sehen ist. Aber, wie so oft wurde durch innere Unruhen und Bauernaufstände im Jahre 1644 n. Chr. die Ming-Dynastie gestürzt. In der Folgezeit schloß sich China weitgehend von der Außenwelt ab.

Die politische Konsolidierung war von einem bedeutenden wirtschaftlichen Aufschwung begleitet. Seit dem Ende des 15., vor allem aber auch im 16. und 17. Jahrhundert n. Chr. zeigte sich, zumal im Bergbau, in der Textil- und Porzellanherstellung sowie im Salzhandel eine Entwicklung, die an den etwa gleichzeitig in Europa einsetzenden Frühkapitalismus erinnert. Es gab Betriebe mit mehreren hundert Beschäftigten und einer genau durchgeführten Arbeitsteilung sowie einen Arbeitsmarkt, auf dem die Unternehmer ihre ständigen Arbeitskräfte durch Tagelöhner ergänzten. Ihre ansehnlichen Gewinne investierten sie vielfach in Grundbesitz, sofern eine kostspielige Lebenshaltung sie nicht aufzehrte. So gingen reiche Geschäftsleute rasch in der Schicht der Literatenbeamten auf. Der bürokratische Staat betrachtete auch die Wirtschaft als sein Monopol und war lediglich bereit, private Unternehmer gleichsam als seine Agenten zuzulassen.

Auf Unternehmer, die große Gewinne einzubringen versprachen, legte der Staat möglichst rasch seine Hand und erstickte sie damit nicht selten schon im Keime. Die Unternehmer scheuten sich, ihre oft ansehnlichen Gewinne in großem Umfange für die Verbesserung des Betriebes zu investieren, da sie jederzeit mit der Gefahr eines Eingriffes, ja sogar der Beschlagnahme durch die Bürokratie rechnen mußten. Jedenfalls gab es dem Staat gegenüber keinerlei Sicherheit für Besitz und Kapitalanlagen.

Das war ein wesentlicher Grund dafür, daß sich unter dem bürokratischen Staatskapitalismus in China niemals ein privater Kapitalismus in nennenswertem Umfange entwickeln konnte. Und so bestanden auch

nicht die Gelegenheiten für die Herausbildung freiheitlicher gesellschaftlicher Formen, wie sie das
Abendland, insbesondere seit der französischen Revolution, entwickelte.

Die Manchu-Herrschaft

Im frühen 17. Jahrhundert hatte das tungusische
Volk der Manchu im Nordosten Chinas seine
Herrschaft über ein bedeutendes Gebiet ausgedehnt
und diese nach chinesischem Vorbild organisiert.
1644 n. Chr. eroberten sie Peking und überwanden
in den folgenden Jahren die Aufständischen, die die
Ming-Herrschaft gestürzt hatten, sowie die noch
Widerstand leistenden Anhänger der Ming.
Wieder hatte ein Fremder den chinesischen Kai-
serthron bestiegen. Es gelang den Manchu aber durch
geschickte und großzügige Politik verhältnismäßig
rasch, die noch herrschende Schicht zu überwinden
und diese zur Mitverantwortung heranzuziehen. Die
wichtigsten Posten der Lokalverwaltung wurden teils
von Manchu, teils von Chinesen eingenommen. Die
soziale Struktur blieb im wesentlichen unverändert,
wenn auch die Versorgung des sich allmählich zu einer Schmarotzerschicht entwickelden manchurischen
Adels eine erhebliche Belastung für die chinesische
Volkswirtschaft war. Das Manchureich übertraf an
Ausdehnung noch das der Ming. Die gesamte Mongolei, Tibet, Ost-Turkestan und die Mandschurei
wurden fest in das Reichsgebiet eingegliedert.
Der zweite Manchu-Kaiser K'anghsi gehört zu den
bedeutendsten Herrschergestalten, die China je gehabt hat. Er war nicht nur ein äußerst fähiger Re-
gent, sondern hatte überdies eine vorsorgliche chinesische Bildung und weitgehende wissenschaftliche

Interessen. Seine lange Regierung (1662 -1722 n. Chr.) war die letzte große Blütezeit Chinas auf politischen und kulturellem Gebiet. Der Glanz der K'anghsi-Zeit wirkte noch einige Jahrzehnte nach; dann begann der Niedergang noch in der zweiten Hälfte des 18. Jahrhunderts, äußerlich durch politische Mißwirtschaft und Volksaufstände gezeichnet.

Auch erlebte das chinesische Schrifttum - es umfaßte bis ins 18. Jahrhundert mehr gedruckte Bücher als die Literatur der gesamten übrigen Welt - damals die schwerste literarische Inquisition. Große Bücherverbrennungen und Schauprozesse fanden statt. Dennoch hat das 18. und frühe 19. Jahrhundert bedeutende wissenschaftliche Leistungen aufzuweisen, vor allem auf den Gebieten der Philologie und Bibliographie.

Die Invasion Chinas
durch abendländische Kolonialmächte

Steigendes Selbstbewußtsein und zunehmendes Ausdehnungsbedürfnis der Europäer auf der einen und die immer offener zutage tretende innere Schwäche Chinas auf der anderen Seite gaben Anlaß zu ständigen Mißhelligkeiten, und bald sollte sich die Lage grundsätzlich ändern. Im Jahre 1840 - 1842 n. Chr. kam es zum ersten entscheidenden bewaffneten Konflikt zwischen England und China, dem sog. Opium-Krieg. Dabei trat die Überlegenheit der westlichen Bewaffnung und Kampfweise klar zutage. Der den Krieg beschließende Friede von Nanking war denn auch der erste der sogenannten ungleichen Verträge, die für die folgenden hundert Jahre den neuen Rahmen für die chinesisch-abendländischen Beziehungen abgeben sollten. So leitete der Vertrag von Nanking die in den nächsten Jahrzehnten folgenden, immer schmählicheren Demütigungen Chinas ein. Dem englischen Vertrag folgten ähnliche Verträge mit den USA, Frankreich, Belgien, Schweden, Norwegen und Portugal, später auch mit Rußland und Preußen. Die zunehmende militärische Schwäche Chinas reizte die westlichen Mächte zu immer aggressiverem Vorgehen. Es begann eine Jagd nach Flottenstützpunkten, Niederlassungen, wirtschaftlichen Konzessionen und sonstigen Vorrechten, die Ende des 19. Jahrhunderts ihren Höhepunkt erreichte. Der sog. Boxeraufstand im Jahre 1900 n. Chr. war der letzte verzweifelte Versuch des alten China, die fremden Eindringlinge gewaltsam zurückzuweisen. Er mußte mit neuen Demütigungen bezahlt werden.

Die Reaktion Chinas auf die westliche Herausforderung

Der Opiumkrieg war der Beginn des Zusammenstoßes des wirtschaftlich, des politisch und geistig in sich geschlossenen traditionellen Chinas mit den modernen Kolonialmächten des Westens, Zusammenstoßes einer vorindustriellen bürokratischen Agrargesellschaft mit einer industrialisierten bürgerlichen Gesellschaft. Das war eine Herausforderung, die in einer Kette revolutionärer Erschütterungen China entscheidend veränderte. Diese Erschütterungen begannen mit der Taiping-Revolution (1850 1864 n. Chr.) die vom Süden ausgehend sich über weite Teile Süd- und Mittel-Chinas, insgesamt über ein Gebiet mit mehr als hundert Millionen Einwohnern ausbreitete.

Im Jahre 1860 n. Chr. drohte die Revolution die brüchige Manchu-Herrschaft hinwegzufegen.

Der Kaiser war geflohen und das Schicksal der

Dynastie schien besiegelt. Doch in letzter Minute scharten sich noch einmal die führenden chinesischen und manchurischen Kreise in loyaler Einigkeit um das Herrscherhaus, hervorragende Persönlichkeiten nahmen die führenden Stellungen in der Regierung ein, die Ordnung in verwüsteten Gebieten wurde wieder hergestellt. Diese Restauration war der letzte Versuch mit beschränkten, alten, traditionellen Mitteln die Ordnung wieder zu garantieren.

Nach vorübergehendem Erfolg scheiterte die Restauration aber schließlich an der Unzulänglichkeit des konfuzianischen Systems zur Meisterung einer grundlegend veränderten Situation.

In der japanischen Hauptstadt Tokio entstand unter Führung des „Vaters der chinesischen Revolution", Sun Yatsen, der chinesische Revolutionsbund. Das Hauptziel der revolutionären Bewegung war die Vertreibung der Manchu und die Restauration der Herrschaft der Chinesen in Form einer Republik. So kam es 1911 n. Chr. zur Erhebung im ganzen Land. Dank der Hilfe großer Teile des Militärs setzte sich die Revolution rasch durch und erreichte die Abdankung der Manchu-Dynastie. Damit brach der auf eine zweitausendjährige Vergangenheit zurückblickende konfuzianische Staat endgültig zusammen, und China wurde eine Republik.

Die Entwicklung nach 1911 n. Chr.

Sun Yatsen und seinem Kreis gebührt das Verdienst, dem nicht mehr haltbaren, morschen Bau des konfuzianischen Staates den letzten Stoß zum Verfall gegeben zu haben. Sie waren nicht in der Lage, etwas überzeugend Neues an die Stelle des zerfallenden Alten zu setzen. Doch bahnten sich nach 1911 manche Wandlungen wirtschaftlicher und sozialer Art an.

Der Marxismus fand anfangs so gut wie keine Beachtung in China. Marx' Lehre bezog sich auf eine hochindustrialisierte Gesellschaft und erschien für China irrelevant. Erst Lenin und die russische Oktoberrevolution zeigten auch die Anwendbarkeit der kommunistischen Lehre für ein wirtschaftlich rückständiges Land wie China. Darüber hinaus verkündete der Komintern die Befreiung der kolonialen und halbkolonialen Völker vom Joch der imperialistischen Mächte als einen wichtigen Programmpunkt. Einige führende Männer nahmen die messianische Botschaft der russischen Revolution auf und gründeten 1921 n. Chr. die Kommunistische Partei Chinas.

Der Aufstieg der KMT und ihre Regierung

Die nach 1911 n. Chr. zersplitterte revolutionäre Partei konsolidierte sich 1918 n. Chr. in Kanton als Gegenregierung gegen die von den nördlichen konservativen Militärmachthabern beherrschte Pekinger Regierung. In der Führung setzten sich schließlich Sun Yatsen und seine Anhänger durch.

Sie bewirkten eine gründliche Reform der nunmehr Kuomintang (KMT) benannten Partei sowohl im Ausbau ihrer ideologischen Grundlage wie im Neuaufbau der äußeren Organisation. Das Prinzip der Volksherrschaft in demokratischer Form sowie das soziale Prinzip zur Befriedigung der materiellen Bedürfnisse bildeten die Grundlehren vom Volk. Zum Kampf gegen den Imperialismus suchte Sun Yatsen die Zusammenarbeit mit den Ländern, die aus der Reihe der Kolonialmächte ausgeschieden waren, d. h. mit Deutschland und mit Sowjetrußland; doch fand er die Bereitschaft dazu nur bei Rußland. Gleichzeitig begann auch eine enge Zusammenarbeit zwischen der KMT und der damals noch kleinen und einflußlosen KPCH (Kommunistische Partei Chinas). Sun Yatsen schickte als seinen Vertreter Chiang Kai-shek zum Studium des Aufbaus von Partei und Militär nach Moskau. Nach seiner Rückkehr wurde dieser Präsident der neu gegründeten Kriegsschule. Im Jahre 1926/27 n. Chr. konnte die revolutionäre Armee mit Unterstützung breiter Kreise der Bevölkerung unter Führung Chiang Kai-sheks von Kanton aus in einem raschen Siegeszug den größten Teil Süd-Chinas in ihre Gewalt bringen. Ende 1926 n. Chr. siedelte die aus der Kantoner Militärregierung hervorgegangene Nationalregierung der KMT nach Wuhan am Yangtse über.

Der Tod <u>Sun Yatsens im Jahre 1925</u> ließ mancherlei sachliche Gegensätze und persönliche Rivalitäten in der Führung der KMT zum Durchbruch kommen. Chiang Kai-shek repräsentierte den gemäßigten rechten Flügel der KMT. Anfang 1927 n. Chr. kam es zum offenen Konflikt zwischen ihm und der zivilen Regierung in Wuhan, wo der aktivrevolutionäre kommunistenfreundliche Flügel vorherrschte. Der Streit endete mit dem Siege Chiang Kaisheks. Er unterdrückte Arbeiterbewegung und Bauernbünde, schloß Kommunisten und linksgerichtete Elemente aus, sofern er sie nicht verhaften oder umbringen ließ, schickte die sowjetischen Berater nach Hause, denen er zum großen Teil seine Erfolge verdankte, und errichtete in Nanking eine Gegenregierung. Bald darauf löste sich die Regierung in Wuhan auf, und ein Teil ihrer Mitglieder schloß sich Chiangs Regierung an.

Chiangs Regierung war vom Jahre 1927 - 1937 n. Chr. verhältnismäßig erfolgreich tätig, wenn es auch in den Jahren nicht an Auseinandersetzungen mit widerspenstigen Militärmachthabern fehlte. Die KMT-Regierung fand allerdings nicht die Kraft, die dringend notwendige Agrarreform energisch in Angriff zu nehmen. Sie stand damals weitgehend unter dem Einfluß konservativer Kreise, die jede Änderung der ländlichen Besitz- und Einkommensverhältnisse mit Nachdruck zurückwiesen. Die führenden Gruppen der KMT sahen nicht, daß sie auf diese Weise den Kommunisten die Möglichkeit des Aufstiegs gaben und den Keim für den Untergang der KMT in sich trugen. Dazu breitete sich in den dreißiger Jahren wieder Korruption aus. Äußerlich entsprach der Aufbau von Partei und Regierung zwar dem von Sun Yatsen vorgezeichneten System; doch war es praktisch eine Militärdiktatur.

Die chinesischen Kommunisten

Mao Tse-tung, der bislang keine führende Rolle in der KPCH gespielt hatte, war es vorbehalten, der bei der Organisation der Bauernbünde zu der Überzeugung gekommen war, daß die Revolution in China nur Erfolg haben könne, wenn sie sich auf die von Militärmachthabern, habsüchtigen Beamten und skrupellosen Grundbesitzern unterdrückte und ausgebeutete arme Bauernschaft stürtzte. Es gelang ihm und seinen Anhängern, mit ausschließlicher Hilfe der Bauern in den entlegenen Bergen der Provinz Kiangsi einen kleinen, widerstandsfähigen Sowjetstaat zu errichten, in dem 1932 auch die Leitung der KPCH Zuflucht suchte, als sie sich in Shanghai nicht mehr halten konnte. Damit war Mao Tse-tung an die Spitze der Partei gerückt. Es blieb der Komintern nichts anderes übrig, als nachträglich diese Entwicklung zu sanktionieren. – Bis 1934 n. Chr. konnte sich Mao Tse-tung gegen die an Stärke zunehmenden Angriffe der KMT-Armeen halten. Dann durchbrach das Gros der Kommunisten die feindliche Umzingelung, und unter ständigen Kämpfen und ungeheuren Stapazen gelangten 1936 die Reste in das entlegene und ärmliche Bergland von Nord-Shensi, um dort ein neues Machtzentrum aufzubauen. Dieser „lange Marsch" schweißte die überlebenden Teilnehmer zu einer festen Gemeinschaft zusammen; er ist dann nahezu ein Mythos für die chinesischen Kommunisten geworden. Die Kommunisten hatten von Shensi aus ihren Einfluß weit über ganz Nord-China ausgedehnt und machten der KMT die Gebiete streitig. So brachten vom Herbst 1948 an innerhalb eines Jahres die kommunistischen Heere ohne nennenswerte fremde Hilfe von der Mandschurei bis in den äußersten Süden und Südwesten ganz China in ihre Gewalt. Im Jahre 1949 n. Chr. wurde in der alten Hauptstadt Peking die Volksrepublik China ausgerufen.

Chiang Kai-shek zog sich mit den Resten der KMT-Armee und Beamtenschaft auf die Insel Taiwan (Formosa) zurück, wo er sich unter amerikanischem Schutz gegen die Kommunisten behaupten konnte.

Endeten in der Vergangenheit solche Umstürze in der Regel mit nur sehr beschränkten Reformen und folgte stets bald eine grundsätzliche Rückkehr zur traditionellen politischen und sozialen Ordnung, so haben die Kommunisten in der totalen Umwandlung des alten China zu einem modernen, industrialisierten, sozialistischen Staat gesehen. Angewandt werden sollte unter Berücksichtigung der besonderen chinesischen Gegebenheiten die Interpretation durch Mao Tse-tung.

Damit ist das Vakuum, das nach dem Zusammenbruch der traditionellen Ordnung in China bestanden hatte, wieder ausgefüllt. Für alles Denken und Handeln ist ein neuer einheitlicher Maßstab gegeben. Die gleichmäßige praktische und ideologische Ausrichtung der staats- und gesellschaftsführenden Funktionäre wird durch ständige Schulung gewährleistet, die an traditionellen konfuzianischen Praktiken anknüpft.

Auf wirtschaftlichem Gebiet sind alle Ansätze privater Initiative wieder durch eine bürokratische Staatswirtschaft ausgeschaltet. Auch die Landwirtschaft ist durch Enteignung und Kollektivierung in noch stärkerem Maße als jeweils zuvor in die staatliche Wirtschaft eingegliedert.

In jüngster Zeit allerdings hat die chinesische Führung das Tor zum Westen, politisch und wirtschaftlich, etwas weiter aufgestoßen. Außerdem hält es die kommunistische Führung auch für angebracht, in ihre wirtschaftliche Konzeption neuerdings neben ihren Funktionären auch führende Fachkräfte mit einzubeziehen. Eine Tatsache, die in der Zukunft eine hohe Beachtung verdient. Nur der Rückblick auf die geschichtliche Entwicklung läßt eine interessante Tradition erkennen und vermittelt damit die Möglichkeit, das heutige China zu verstehen und zu beurteilen.

7.
Japan - eine erstrangige Nation

Jede Geschichte, auch die japanische, beginnt mit Legenden. Die japanische Legende soll hier beschrieben werden, weil sie geradezu typisch für Japan ist.

Die Legende

Am Anfang waren die Götter. Sie wurden als Menschen geboren und starben, bis schließlich zwei von ihnen, Izanami und Izanaji, Schwester und Bruder, den Befehl erhielten, Japan zu erschaffen. Sie tauchten einen juwelengeschmückten Speer in den Ozean und hielten ihn hoch in die Himmelshöhe. Aus den herabfallenden Tropfen entstanden die <u>Heiligen Inseln.</u> Die Beobachtung der Kaulquappen im Wasser lehrte die Götter das Geheimnis der Begattung, und so entstand das japanische Volk.

Das einleitende Wort

Im Gegensatz zu Ländern, die kulturell, politisch und wirtschaftlich einen jahrtausendealten Entwicklungsprozeß hinter sich haben, stellt die Geschichte Japans ein anderes Bild, ein jüngeres Bild dar. Nach einer kaum mehr als 200 jährigen Periode hat sich Japan zu einer der führenden Industrienationen der Gegenwart entwickelt.

Das frühe Japan

Ursprung und Zeitraum der Einwanderung der Japaner auf die heutigen japanischen Inseln konnten von der archäologischen Forschung bis heute nicht eindeutig bestimmt werden.

Herkunft des japanischen Volkes

Die ethnologische Entwicklung wird in etwa folgendermaßen dargestellt:

a) rassisch weißer Teil, vermutlich in der Neusteinzeit von Amur aus nach Japan.

b) gelber, mongolischer Teil, etwa 700 Jahre v. Chr. aus Korea.

c) ein braunschwarzer Teil (malaiisch oder indonesisch), der von den südlichen Inseln aus eindrang.

Diese Rassenmischung, die sich im Hinblick auf ihre Leistungsstärke, Ordnung und Disziplin schon oft ausgezeichnet hat, ist nach ethnischen Erkenntnissen noch nicht ganz abgeschlossen.

Nach Abschluß der Einwanderungsperiode gegen Ende des 5. Jahrhunderts n. Chr. begannen einige der in Klans organisierten Neuankömmlinge, sich in einem losen Staatsgebilde - dem Yamato-Klan - zu formieren. Die überlegene chinesische Kultur wurde Vorbild dieses Klans. Das führte sehr bald zu dem Wunsch, von dem großen Nachbarn auf dem Kontinent zu lernen.

Unter dem vor allem von buddhistischen Mönchen ausgehenden Einfluß chinesischen Gedankenguts formte sich in Japan allmählich ein deutlich strukturiertes Staatsgebilde mit einem Kaiser (göttlicher Herrscher) an der Spitze sowie einem Hof- und einem Landadel. Der <u>Buddhismus</u> wurde neben dem <u>Shintoglauben</u> als offizielle Staatsreligion eingeführt. Außerdem sandten die Japaner mehrere offizielle Gesandtschaften, um Wissen, Technologie und Kultur aus China zu importieren.

Die Taika-Reform im Jahre 645 n. Chr. führte zur Bildung eines zentralistischen <u>Beamtenstaates</u> nach chinesischem Vorbild. So lehnte sich z. B. die neue Hauptstadt des japanischen Reiches eng an ihr chinesisches Vorbild an. Sie entstand nach einigen früheren Versuchen endgültig im Jahre 794 n. Chr. in Kyoto als kleinere Nachbildung der chinesischen Hauptstadt Chang-han im strengen Schachbrettmuster. Die Übernahme chinesischen Kulturguts ging während des 9. Jahrhunderts allmählich ihrem Ende entgegen. Die letzte offizielle Gesandtschaft wurde im Jahre 838 n. Chr. nach China entsandt.

Das Wachsen einer eigenen Kultur

Nicht alle der von China übernommenen Gedanken und Strukturen erwiesen sich im Verlauf der kommenden Jahrhunderte für den jungen japanischen Staat als brauchbar und sinnvoll. Das hatte zunächst noch keine politischen Konsequenzen, doch bahnte sich eine Entwicklung an, die schließlich zu einer wesentlichen Verringerung der kaiserlichen Macht führen sollte. Zunächst einmal gelang es einer der Adelsfamilien am Hofe von Kyoto, den <u>Fujiwara</u>, in der Mitte des 9. Jahrhunderts mit Hilfe einer gezielten Finanz- und Heiratspolitik allmählich die Kontrolle über die gesamte Verwaltung und über die kaiserliche Familie zu bekommen.

Offiziell blieb zwar der Kaiser die höchste Autorität im Staate, doch hatten die Fujiwara während der nächsten beiden Jahrhunderte die Schlüsselpositionen des Landes inne.

Der Machtwechsel am Hofe von Kyoto war allerdings erst der Beginn einer Reihe weiterer Ereignisse. Zunehmende Unruhen im 10. und 11. Jahrhundert gaben einer wachsenden militärischen Elitetruppe Gelegenheit zu mehr Einfluß am Hofe. Als Konsequenz dieser Entwicklung übernahm schließlich im Jahre 1185 n. Chr. die Familie der <u>Minamoto</u> aus Westjapan nach fünfjährigen Kämpfen die ausschließliche Führung über das Land. Yoritomo Minamoto ließ sich vom Hof weitreichende militärische und politische Vollmachten geben und nahm den Titel „Shogun" (Generalissimus) an.

Die freundschaftlichen und verwandtschaftlichen Feudalbindungen lockerten sich allerdings im Laufe der Zeit und schwächten nach einigen Jahrzehnten die Loyalität gegenüber dem Herrscher. Das Ende des Herrschaftssystem, das dem Lande etwa 100 Jahre relativer politischer Stabilität verliehen hatte, wurde beschleunigt durch zwei Invasionsversuche der <u>Mongolen 1274 und 1281 n. Chr.</u> Die Invasion konnte jeweils abgewehrt werden. Die Unzufriedenheit der Ritterschaft wiederum führte zur Unterstützung des Umsturzversuches eines Kaisers, Godaigo Tenno. Dieser Umsturz jedoch gab den Anstoß zu einer Kette von Ereignissen. In den beiden folgenden Jahrhunderten bot Japan ein Bild zunehmender politischer Verwirrung und fehlender Zentralgewalt.

Trotz oder gerade wegen dieser politischen Wirren entwickelte sich das Wirtschaftsleben in Japan im 14. und 15. Jahrhundert sehr lebhaft. Die Historiker berichten von wiedererstandenen Dorfgemeinschaften unter der Führung der Landesfürsten (Daimyo), die auf der Ebene des Bauernstandes ein System der Selbstverwaltung förderten. Die Daimyo förderten die Wirtschaft in ihren Gebieten, indem sie Maße und Gewichte vereinheitlichten, Sperren zu Gunsten der ungehinderten Verbreitung von Waren beseitigten, Gilden auflösten und Märkte und Städte um ihre Schlösser und Burgen bauten. Nie zuvor hat es irgendwo auf der Welt eine derart intensive Periode von Stadtgründungen gegeben, wie es im Zeitraum von <u>1580 - 1610</u> in Japan der Fall war.

Diese Burgstädte waren geplante Anlagen und verdeutlichen in ihrem Aufbau die soziale Einstellung der Zeit. Zentrum der Stadt war ein Turm, um den herum die Wohngebiete des Daimyo und seiner engsten Gefolgsleute der oberen und der niederen <u>Samurai</u> (jap. Dienende) lagen. Darauf folgten die Wohngebiete der Kaufleute, Handwerker und Ackerbürger, in der eigentlichen Stadt.

Die Tokugawa-Periode

Die Tokugawa-Gesetzgebung ging von der konfuzianischen Lehre aus, daß es eine natürliche Ordnung in der Hierarchie der Klassen gäbe:

1. Samurai, 2. Bauern, 3. Handwerker und 4. Kaufleute. So strikt die Klassenunterschiede auch beachtet wurden, die Ausweitung des Bildungswesens kam allen Klassen zugute. Nach <u>1860</u> sollen dann Schätzungen zufolge etwa 40-50% der Männer und etwa 15% der Frauen eine Schulbildung gehabt haben. Mit dem höheren Bildungsniveau verband sich auch schon früh eine neue Geisteshaltung.

Die Tokugawa-Gesellschaft stand praktisch auf drei Säulen: erstens dem <u>Buddhismus,</u> der <u>Shintoismus</u> war die zweite Säule (der Kaiser war und blieb der höchste Shinto-Priester) und die dritte Säule der <u>Konfuzianismus.</u>

Die außenpolitische Krise

Die bisherige Darstellung diente der innerpolitischen, wirtschaftlichen, sozialen und der kulturellen Entwicklung Japans.

Außenpolitisch wichtig war für die Japaner die Erkenntnis, daß der Westen technologisch und wissenschaftlich überlegen war. Bevölkerung und Reichtum hatten zwar unter den Tokugawa stark zugenommen, die Städte waren voll Leben, die Infrastruktur war in einem zufriedenstellenden Zustand, doch auf der anderen Seite gab es auch Probleme, wie den überbesetzten, starren Verwaltungsapparat und die wirtschaftliche Not in einigen Teilen des Landes.

In dieser Zeit kam dazu, daß sich das japanische Volk etwa ab dem Jahre 1830 in zunehmendem Maße von ausländischen Mächten bedroht fühlte, deren Schiffe immer häufiger in den Gewässern um die Insel auftauchten.

Das Land fühlte sich in einer Krise, ohne genau die Ursachen zu kennen.

Um die Grenzen des Tokugawa-Systems zu überwinden und wirkungsvolle Reformen durchzuführen, dazu bedurfte es erst des Anstoßes von außen.

Dieser Anstoß war das Zusammentreffen mit dem Westen.

Die Amerikaner hatten schon verschiedene Versuche unternommen, mit den Japanern Kontakt aufzunehmen, waren jedoch immer abgewiesen worden.

Im Jahre 1852 erteilte dann der amerikanische Präsident Fillmore Commodore den Auftrag, Japan mit allem Nachdruck zu bewegen, Beziehungen zu den westlichen Ländern aufzunehmen. Mit vier Schiffen, darunter zwei dampfgetriebene Fregatten, dokumentierte Commodore Perry am 8. Juli 1853 in der Tokio-Bucht die überlegene Stärke des Westens und forderte mit einem Brief des amerikanischen Präsidenten den japanischen Kaiser auf, Japan für den internationalen Handel zu öffnen. Die Tokugawa- Regierung fühlte sich weder psychologisch noch militärisch in der Lage, Perry Widerstand zu leisten. Damit aber war der Anfang einer Politik gegeben, die das Land in kurzer Zeit für die übrige Welt öffnen und das Tokugawa-System stürzen sollte.

Das Wiedererstarken des Kaiserreiches

Angst und Ärger sowie der Wunsch, das Land vor der Eroberung durch das Abendland zu schützen, waren für die nächsten 20 Jahre bestimmend für die japanische Politik. Das Tokugawa-Shogunat erwies sich als dieser Aufgabe nicht gewachsen, noch vermochte es den Druck der ausländischen Mächte zu verbergen. Dieses Versagen schuf ein Machtvakuum, als dessen Folge der Kaiser wieder zur traditionell höchsten Autorität wurde und stärker in den Mittelpunkt des politischen Geschehens rückte. Das Tokugawa-Shogunat wurde abgeschafft, und ein neuer Staat im Namen des Kaisers wurde gegründet.

Im Jahre 1867 starb der konservative Kaiser Komei, im gleichen Jahr bestieg sein 14jähriger Sohn Mutsuhito den Thron.

Die erste und wichtigste Aufgabe der neuen Führung war es nach ihrer eigenen Aussage, „den Staat zu bereichern und seine Streitkräfte zu stärken".

Die Umwandlung der japanischen Wirtschafts- und Sozialstruktur nach westlichem Vorbild war eines der zentralen Ereignisse in der eintausendfünfhundertjährigen Geschichte Japans.

Die Meiji-Reformen (Kaiserzeit)

Im Hinblick auf die dringend notwendigen Reformen holte die Regierung schon frühzeitig ausländische Ratgeber für alle Zweige der Wirtschaft nach folgenden Gesichtspunkten:

Engländer = Zur Überwachung des Baues von Eisenbahnen- Telegraphenlinien- Kriegsschiffe.
Franzosen = Für neue Gesetze zu entwerfen und die Armee auszubilden.
Deutschen = Medizin und Gesundheitswesen zu organisieren.
Amerikaner = Sollten das Volksbildungswesen umgestalten.
Italiener = Sollten die Japaner in der Malerei und Bildhauerei unterrichten.

Doch bei allem Eifer, vom Westen soviel wie möglich zu lernen, blieben die Japaner eifersüchtig darauf bedacht, keinen dieser Berater zu einflußreich werden zu lassen.

Die radikale Umwandlung Japans von einer festgefügten Feudalgesellschaft in eine moderne westliche Gesellschaft war damit vorprogrammiert. Gleichzeitig kam zum Durchbruch die wiedererstarkte Autorität des Kaisers, verbunden mit einem großen Nationalgefühl des Volkes, welches auch wieder zum Wohle der Nation zu größten Opfern bereit war.

Im Jahre 1880 wurden die ersten politischen Parteien gegründet, im Jahre 1885 das europäische Kabinett-System eingeführt, und im Jahre 1889 wurde die parlamentarische Verfassung mit dem Zwei-Kammersystem verkündet.

Kriegerische Expansion in Asien und im Pazifik

Neben der wirkungsvollen Zivilbürokratie mußte die übrige Welt aufhorchen über die militärische Schlagkraft Japans. Japan schuf in knapp <u>25 Jahren</u> eine Armee und eine Flotte, die in den kommenden Kriegen ihre Wehrkraft bewies.

1894 Selbständigkeit Koreas

China betrachtete Korea als unter seiner Oberhoheit stehend. Japan hatte schon seit Jahren versucht, seinen Einfluß auf Korea auszudehnen. Nach zahlreichen Zwischenfällen kam es zum Krieg.

Die chinesischen Truppen wurden binnen kurzer Zeit aus Korea vertrieben, die chinesische Flotte vernichtend geschlagen.

1904/05 Krieg gegen die russischen Steitkräfte

In dieser Zeit war die Mandschurei de facto der russischen Machtsphäre einverleibt worden. Rußland konnte sich nicht entschließen, eine Abgrenzung der Interessensphären vorzunehmen und Japan freie Hand in Korea zu lassen. Nach ergebnislosen Verhandlungen forderten die Japaner schließlich den Abzug der russischen Truppen aus der Mandschurei.

Im Februar 1904 brachen die Japaner die diplomatischen Beziehungen ab und griffen die russische Flotte in Port Arthur an. Die japanischen Steitkräfte erwiesen sich auch als den russischen eindeutig überlegen.

Allein diese Seeschlacht ergab furchtbare Verluste für die Russen.

<u>Russen:</u> 4000 Tote, 7000 Gefangene, und bis auf drei wurden alle russischen Schiffe versenkt oder erbeutet.

<u>Japaner:</u> 116 Tote, 538 Verwundete.

Dieser Sieg eines asiatischen Staates über eine weiße Nation war für Japan der Höhepunkt auf seinem Wege zu einer modernen Macht. Japan hatte sich damit Eingang in den Kreis der bisherigen fünf führenden Mächte der Zeit verschafft. Japan wollte keine zweitrangige Nation sein, und dies Ziel forderte in zwei großen Kriegen die Aufbietung aller Kräfte. Bei Ausbruch des ersten Weltkrieges erklärte Japan unter Berufung auf das Bündnis mit Großbritannien Deutschland den Krieg. Japan brachte dadurch deutsche Besitzungen in China und im Pazifik in seine Gewalt.

<u>Im Jahre 1915</u> stellte Japan „21 Forderungen" an <u>China</u>, die einen dominierenden Einfluß Japans auf China sichern sollten.

<u>Im Jahre 1931</u> wurde die rohstoffreiche Mandschurei besetzt und von China losgetrennt.

<u>Im Jahre 1932</u> zu einem nominell unabhängigen, de facto unter japanischem Protektorat stehenden Staat <u>Mandschukuo</u> umgebildet.

Der 1937 unternommene Versuch, China in die Knie zu zwingen, überstieg aber die Kräfte der Armee.

<u>Im Jahre 1938</u> befanden sich immerhin bis zum Jahre <u>1945 etwa 65%</u> des chinesischen Wirtschaftspotentials in japanischer Hand.

Die sich lang hinziehenden Kämpfe auf dem chinesischen Festlande hatten die Japaner in eine ernste Krise gebracht. Bis 1940 kostete jeder Kriegstag die Japaner 4 Millionen Dollar; insgesamt befanden sich etwa 1,5 Millionen Japaner auf dem Festland.

Die USA verlangten von Japan die Räumung Chinas und Indochinas, die Japaner dagegen forderten die Anerkennung der japanischen Hegemonie im fernen Osten. In der Überspitzung und Kompromißlosigkeit der Forderungen beider Seiten liegt letztlich die Ursache für den Präventivschlag der Japaner auf Pearl Harbor. Innerhalb eines Jahres war ganz Südostasien bis vor die Tore Indiens und Australiens in japanischer Hand.

Im Jahre 1943 gingen dann die USA zur Gegenoffensive über.

Ende 1944 begann die amerikanische Luftwaffe eine systematische Bombardierung der japanischen Städte, bei der insgesamt über 600.000 Menschen starben.

Nachdem Japan immer noch nicht bereit war, eine Kapitulation anzubieten, warfen die Amerikaner am 6. August 1945 ihre erste Atombombe auf Hiroshima, und am 9. August fiel auf Nagasaki die zweite Atombombe. – Nun endlich handelte der Kaiser, und er nahm die in der Potsdamer Erklärung geforderte bedingungslose Kapitulation an.

Die Nachkriegsperiode, ein politisches System

Bei Kriegsende war das Land physisch und moralisch nahezu völlig zerschlagen. Die Absage an die nationalistischen Ideen einer übertriebenen Kriegspropaganda brachte viele Japaner emotional aus dem Gleichgewicht. Doch den nachhaltigsten Schock lösten vor allem die Bombenabwürfe über Hiroshima und Nagasaki aus. Im geschichtlichen Bewußtsein des Japaners hat diese Demonstration nuklearer Macht wohl eher zu bitterer Resignation als zu Ressentiments gegenüber den Vereinigten Staaten geführt. Bis zum Friedensvertrag von <u>San Francisco im Jahre 1951</u> hielten die Amerikaner das besiegte Land unter ihrer direkten Kontrolle.

Die japanische Verfassung

Die Japaner arbeiteten eine Verfassung aus, die aber mit den Vorstellungen der Amerikaner übereinstimmen mußte. Der Kaiser ist nicht mehr Träger der Staatsgewalt, sondern wird als „Symbol des Staates und der Einheit des Volkes, bei dem die Entscheidungsgewalt liegt, in seine Stellung eingesetzt." Oberstes Organ der Staatsgewalt und Träger der Legislative ist der Reichstag, bestehend aus dem Repräsentantenhaus. Im übrigen hat sich der Parlamentarismus ähnlich wie in den europäischen Ländern etabliert.

Das japanische Parteiensystem

Im Herbst 1945 begannen sich die Parteien neu zu bilden. Zunächst die kommunistische Partei, dann die sozialistische und die liberale Partei mit einer Unterbrechung 1947/48, als die Sozialisten den Ministerpräsidenten stellten, sind seither die Konservativen an der Macht (Liberale, Demokraten, seit der Vereinigung beider im Jahre 1956 Liberaldemokratische Partei genannt.)

<u>Äußerlich</u> hat sich Japan nach dem zweiten Weltkrieg zu einem modernen Staat westlicher Zivilisation entwickelt.

<u>Wirtschaftlich</u> einen temporeichen und enormen Aufschwung genommen. Andererseits konnte es der Parteienstaat nicht verhindern, oder besser gesagt, wohl bedingt durch den Parteienstaat, daß Japan dem Westen in der moralischen Verwirrung nachfolgt:

1. Teilweise auch schon Bestechlichkeit.
2. Die Auflehnung der übereifrigen Jugend gegen das übervorsichtige Alter.
3. Gewisse Schwächung der religiösen Glaubenskraft (Buddhismus - Laotse - Shintoismus).
4. Der Übergang vom Landleben zum Stadtleben.
5. Die Lockerung des bisher nach guten, alten Sitten gepflegten Familienlebens.
6. Scheidungen erfolgen so häufig wie in Amerika.
7. Das Hereinströmen ausländischen Geldes führte zu einer schnellen Massenproduktion..
8. Europäische Wörter drangen in großer Anzahl in die japanische Sprache ein. Das Bildungswesen wurde weitgehend der religiösen Beaufsichtigung entzogen und in Japan gründlicher säkularisiert.

In der jüngsten Zeit wurde durch die Medien und durch die Weltpresse ein Riesen-Korruptionsskandal seitens der regierenden Parteispitzen bekannt. Mit anderen Worten, die Parteien in Japan unterliegen den gleichen Schwächen und Fehlern, wie dies bei den westlichen Parteien der Fall ist. Im übrigen zeichnet sich auch in Japan eine spürbare Wirtschaftskrise, verbunden mit einer bedrohlichen Arbeitslosigkeit, ab.

Um das Bild einer politischen und wirtschaftlichen „Weltschau" abzurunden, wäre es natürlich notwendig, die übrige Welt, d. h. alle die in der Niederschrift nicht genannten Länder, mit einzubinden.

Sie alle sind mit den gleichen Problemen konfrontiert. Zum Beispiel, Massenarbeitslosigkeit, wirtschaftlicher Verfall sind warnende Signale, die die ganze Menschheit betreffen.

Die Konsequenzen, die aus unserer weltpolitischen Lage zu ziehen wären, finden, unter Einbeziehung aller Länder im Rahmen dieser Niederschrift in nachfolgenden Ausführungen ihren Niederschlag.

8.
Fundamentale geistige Erneuerung
der Menschheit

Um gedanklich wenigstens in die Nähe dieser anspruchsvoll erscheinenden Überschrift zu kommen, erscheint es angebracht, einige Philosophen sprechen zu lassen, deren Worte für unsere Zeit nachdenkenswert sind.

Blaise Pascal, gest. 1662 n. Chr.

„Die ganze Würde des Menschen liegt in seinem Denken."

J. Huxley, geb. 1887 n. Chr.

„Die Weltgemeinschaft, die wir vor uns sehen und zustande zu bringen hoffen, ist eine Vielfalt in der Einheit."

Nietzsche, geb. 1844, gest. 1900 n. Chr.

„Was ich erzähle, ist die Geschichte der <u>nächsten zwei Jahrhunderte:</u>
Nihilismus, Unruhe, Gewalt, Überstürzung, ein Strom, der ans gute Ende will."
„Der Philosoph, er muß neue Werte auf neue Tafeln schreiben. <u>Umwertung aller Werte.</u> Dies aber geschieht nicht aus einem Glauben an eine Transzendenz heraus, sondern ausschließlich vom Menschen her."

Albert Einstein, Physiker, geb. 1879, gest. 1955

Einstein warnte prophetisch und sprach von der notwendigen „Umbesinnung der Menschheit".

Carl Jaspers, geb. 1883, gest. 1969 n. Chr.

„Der Mensch ist die größte Möglichkeit, aber auch das größte Unglück in der Welt."

Es wären noch viele große, wahre und belehrende Worte anzuführen. Empfindet man beim Lesen dieser Worte im Blick auf unser Zeitgeschehen eine spürbar mahnende Herausforderung? In der Tat, eine geistige Herausforderung, die im Hinblick auf das politischwirtschaftliche Geschehen unserer Zeit uns alle, ja die ganze Menschheit angeht.

Die Menschheit tritt ein in ein neues Jahrtausend; eine geistige Erneuerung, eine Neu- und Umformung unserer Gesellschaft ist mahnend angesagt.

Dabei drängt sich zur Rechtfertigung reflektierend ein Rückblick in unser letztes Jahrhundert auf.

Das letzte Jahrhundert, einerseits phantastisch, einzigartig und atemberaubend der Fortschritt von Wissenschaft und Technik, andererseits aber auch gräßlich, grauenhaft und unmenschlich die Kriegsopfer von Abermillionen Menschen.

Um mit dem ehemaligen Ostberliner Politiker und Wissenschaftler Robert Havemann zu sprechen:

„Ein Jahrhundert der Atomenergie und des Mondfluges, aber auch der Konzentrationslager, der Bomben auf Hiroshima und Nagasaki.

Ein Jahrhundert des wachsenden Wohlstandes für jene Minderheit der Menschheit, die in den Industriestaaten lebt.

Ein Jahrhundert aber der Armut, des Elends, des

Hungers und des Massensterbens in den armen Ländern.

In diesem Jahrhundert hat die Welt sich mehr und gründlicher verändert als zuvor in Jahrtausenden." (Soweit Herr Havemann.)

Lassen wir doch in diesem Zusammenhang Dr. Eugen Drewermann, Philosoph und Theologe, sprechen. Über das Thema Weltbevölkerung schreibt Herr Drewermann in seinem Buch „Tödlicher Fortschritt":

Im Jahre 1950 zählt die Weltbevölkerung 2,5 Milliarden Menschen, im Jahre 2000 sind es bereits 6,4 Milliarden, im Jahre 2050 zählen wir 11,1 Milliarden, und im Jahre 2100 werden auf unserem Planeten 12,3 Milliarden Menschen leben.

1600 Jahre brauchte die Menschheit von Christi Geburt an, um sich von ca. 250 Millionen auf 500 Millionen zu vermehren. (So weit Herr Dr. Drewermann.) Ethnologen haben außerdem errechnet, daß jede zweite Sekunde ein Kind an Hunger stirbt.

Über die Freiheit der Menschen auf dieser Welt

Mit dem rasenden Zuwachs der Bevölkerung stößt man zwangsläufig auch auf die Problematik der Freiheit der Menschen. Bei jeder Gelegenheit wird seitens unserer Politiker über Freiheit und freiheitliche Grundordnung gesprochen. Wird über die sogenannte freiheitliche Grundordnung nicht doch mehr oder weniger gedankenlos geredet? Was heißt Freiheit? Eine berechtigte Frage? Welche Art von Freiheit empfindet eigentlich unsere Gesellschaft? Nach dem zweiten Weltkrieg haben sich unsere Politiker in der Tat bemüht, eine freiheitliche Grundordnung für unsere Gesellschaft zu entwickeln. Aber viele Menschen fragen sich heute, was daraus geworden ist? Ist inzwischen nicht die gute Absicht einer freiheitlichen Grundordnung weitgehend verlorengegangen? Wurde der Begriff Freiheit im Laufe der Jahre weltweit nicht doch verhängnisvoll in falsche Kanäle gelenkt? Kann man noch vom wahren Sinn der Freiheit sprechen, wenn sich z. B. uferlos Ströme von sogenannter freiheitlicher Programmgestaltung über die Medien ergießen, Programme, die kein Tabu mehr kennen? Es ist müßig, im Einzelnen darauf einzugehen. Absolut mißverständlich hat sich der Freiheitsbegriff im Hinblick auf unseren Hochleistungssport entwickelt. Hier geht es nur noch, zum Ärgernis unserer Gesellschaft, um Millionenbeträge, und der ursprüngliche Sinn des Sportes ist weitgehend verlorengegangen.

Wie äußert sich denn die Freiheit in der Familie? Ist nicht der Sinn einer gewollten und vorgegebenen Antiautorität im Leben der Familie, zwischen den Eltern und der Verhaltensweise zwischen Eltern und Kindern, im Laufe der Jahre oft bis zur Unerträglichkeit ausgereizt worden? Ist damit nicht doch, bekanntlich in vielen Familien, die immerhin notwendige gegenseitige Achtung, trotz des Rechts der individuellen Freiheit, teilweise verschüttet worden? Die Folge ist in der Regel ein Auseinanderleben der Familie.

Wie schwer lastet auf dem Staat die Tatsache, daß er die Ausbreitung der Arbeitslosigkeit nicht verhindern kann. Eine einzige Anklage gegen den Staat in Form von fast täglichen Protesten und Demonstrationen ist ein trauriger Niederschlag unserer Gesellschaft.

Natürlich, kein Arbeitsloser verhungert; aber der große, arbeitswillige Teil der Arbeitslosen leidet förmlich unter der Geisel der Arbeitslosigkeit. Es handelt sich hier um ein psychologisches, ein seelisches Leiden.

Ein altes griechisches Wort heißt: „Arbeit macht frei." Es bleibt eine Wahrheit, auch wenn es schon manchmal mißbraucht wurde. Für die Millionen, die keine Arbeit haben, bedeutet dieses nichts anderes als einen millionenfachen Freiheitsentzug. Was ist die weitere Folge: daß diese Menschen, zumindest ein Teil davon, in ihrer Untätigkeit der Vielfalt der Kriminalität verfallen.

Was sagt doch der Philosoph Karl Jaspers dazu:

„Der Mensch empfindet in sich, was er nirgends in der Welt findet, etwas Unerkennbares, Unbeweisbares, niemals Gegenständliches, etwas, das sich aller forschenden Wissenschaft entzieht, die Freiheit."

Kommt es nicht einer Versündigung an der Freiheit von Millionen Arbeitslosen gleich?

Das Problem der Arbeitslosigkeit beschäftigt übrigens nicht nur Deutschland, nein: die Arbeitslosigkeit bedrückt dramatisch einen großen Teil der Menschheit auf unserem Planeten. Das Heer der Arbeitslosen auf dieser Welt klagt seine Regierungen und mithin seine Parteien an, daß sie ihm das natürlichste Recht, nämlich das Recht auf Arbeit genommen haben.

Die Arbeitslosigkeit vor allem in unseren Industrieländern und darüber hinaus ist systembedingt.

Wiederum das Parteiensystem, samt seinem Demokratischen Parlamentarismus, konnte und kann diese bittere Situation nicht verhindern, und keine Lösung ist in Sicht.

Die Freiheit der Werbung ist ein Teil der von unserer Politik so hochgepriesenen Freiheit der Wirtschaft. Im eigentlichen Sinn ist die Werbung der treueste und notwendigste Begleiter der Wirtschaft.

Die Werbung hat vor allem in den letzten Jahren, im Sinne unseres uferlosen Freiheitsideals, methodisch und stilistisch eine oft unerträgliche Form angenommen. Es kann allerdings nicht die Absicht dieser Niederschrift sein, den Gesamtkomplex der Werbung zu analysieren. Eine Werbeflut ergießt sich täglich, stündlich, ja minütlich über den Konsumenten. Nicht die Qualität, sondern die Quantität rückt dabei immer mehr in den Vordergrund. Nicht zuletzt als eine Belästigung und eine Störung empfindet der Verbraucher die Vielzahl der Werbearten. Da stürzt auf ihn gnadenlos ein die Werbung im Fernsehen, im Radio, in der Tageszeitung, in den Zeitschriften, in den Illustrierten, durch tägliche Werbebeilagen in den Zeitungen, durch Hauswerbung in Form von Handzetteln und Prospekten. Diese schrankenlose Werbung verfehlt weitgehend ihr Ziel und verwirrt durch ihre Masse den verärgerten Verbraucher. Als Krönung der Kampagne flattert dem Verbraucher nicht selten ein an ihn persönlich gerichtetes Schreiben mit höchsten Versprechungen, meist verbunden mit naheliegenden Gewinnchancen, ins Haus. Manchmal fragt man sich, woher wohl diese fragwürdigen Anbieter die Anschrift haben. Ein Gefühl der Verunsicherung überkommt den Verbraucher, und er empfindet sich immer mehr, in unserer so freiheitlichen Gesellschaft, als ein „gläserner Mensch".

Wie störend und ärgerlich ist es doch, wenn man vor dem Fernseher sitzt, und der Filmablauf wird permanent durch Werbung, die in der Tat nicht selten die Grenze der Moral und der Ästhetik überschreitet unterbrochen.

Als eine Folge erhebt sich seitens der Bevölkerung mit Recht und protestierend die Frage, ob im Bereich der Werbung überhaupt noch ein Tabu existiert? Vor allem unsere Jugend, die täglich mehrere Stunden vor dem Fernseher sitzt und noch Radio hört, wird zwangsläufig verwirrt und nicht zuletzt auch charakterlich nachteilig beeinflußt.

In diesem Zusammenhang stellt sich die Frage, ob es angebracht wäre, die Werbung zu besteuern mit 10 bis 20%. Werbung soll sein, sie würde trotzdem laufen, aber sicher den Rahmen der Werbung durch gezieltere und besser durchdachte Art einengen. Hier müßte das gute und bekannte Sprichwort Wahrheit werden: „Weniger wäre mehr."

Auch hier finden unsere Parteien kein Rezept, diese unselige Flut der Werbung in moralisch und ethisch verantwortbare Kanäle zu lenken. Oder fürchten die Parteien, bei Durchführung entsprechender Maßnahmen Popularität und damit Wählerstimmen zu verlieren? Nein, Umfragen haben ergeben, daß die Parteien seitens der Bevölkerung breiteste Zustimmung erhalten würden. Es stellt sich bedrükkend die Frage, ob auch hier die Finanzpolitik eine Rolle spielt. Aber schließlich fragt sich „der Mann auf der Straße", ob unsere Parteien die Vertreter des Volkes oder die Vertreter der führenden Wirtschaft sind. Eine Frage mit einer schwer zu treffenden Beantwortung.

Das so beschriebene Dilemma unserer oft zügellosen, unmoralischen Werbung bezieht sich schließlich auf alle unsere Kontinente, vor allem jedoch auf unsere Industriestaaten. Weltweit unterliegt auch hier die Werbung zumindest einer unvernünftigen Darstellung.

Der Sinn dieser Niederschrift wäre verfehlt , würde man nicht unsere aus der Zeit des zweiten Weltkrieges heraus entwickelte „Freie Marktwirtschaft" in groben Zügen, mit ihren Vor- und Nachteilen, einer Durchleuchtung unterziehen.

Das Ende des zweiten Weltkrieges glich einer Apokalypse. Ob Sieger oder Besiegte, das menschliche wie das wirtschaftliche Potential waren erschöpft und ausgelaugt. Bei den Besiegten naturgemäß mehr als bei den Siegern. Die Völker der westlichen Welt und vor allem Westdeutschland (damals Wirtschaftsminister Erhard) haben sich für den Aufbau einer „Freien Marktwirtschaft" entschieden. Wir erlebten auch in der Tat in den folgenden etwa vier Jahrzehnten einen geradezu rasanten wirtschaftlichen Aufbauprozeß. Natürlich könnte man sagen, daß sich wohl aus der Tatsache heraus, daß unsere Städte und unsere Industrie zerschlagen waren, ein Übermaß an Arbeit anbot. Schon nach ein bis zwei Jahrzehnten stellten unsere Wirtschaftsverantwortlichen fest, daß der weitere wirtschaftliche Aufschwung mit deutschen Kräften allein nicht mehr zu bewerkstelligen ist. Man entschied sich verhältnismäßig schnell, ausländische Arbeitskräfte hereinzuholen. Das in aller Welt anerkannte „Wirtschaftswunder" konnte also nach Auffassung der deutschen Wirtschaftsführung noch nicht schnell genug ablaufen.

Wurden nicht bereits zu diesem Zeitpunkt die ersten Zeichen gesetzt, die unsere Wirtschaft auf einen risikoreichen Weg führten und leider weder von unseren Politikern noch von unseren Unternehmern erkannt und daher unterschätzt wurden?

Zunächst waren die ersten Jahrzehnte nach dem Krieg noch gezeichnet von einem erfolgreichen wirtschaftlichen Aufbau, getreu der geschichts-wirtschaftlichen Erkenntnis, daß die Wirtschaft schließlich zu allen Zeiten bei guter Führung eine Allmacht darstellt, um mit Blaise Pascal (1623 - 1662) zu sprechen, der diese Allmacht aufgliedert in:

Erste Großmacht = die Wissenschaft
Zweite Großmacht = die Technologie
Dritte Großmacht = die Industrie

Blaise Pascal konnte natürlich zu seiner Zeit nicht ahnen, daß sich inzwischen eine weitere Macht, nämlich die:

Vierte Großmacht = Hochtechnologie
(Roboter - Telekommunikation - Mikroben - Fabriken-Computern - Halbleitern - Unterhaltungselektronik) entwickelt hat.

Haben unsere Politiker, haben unsere Wirtschaftsführer das Heraufkommen dieser vierten Großmacht Hochtechnologie mit ihrer Macht, mit ihrer vollen Wucht rechtzeitig erkannt? Es stellen sich bange Fragen.

Waren unsere Politiker, war unsere Wirtschaftsführung in den letzten Jahrzehnten nicht allzusehr auf den Binnenmarkt fixiert? Es wurde erfreulicherweise vor allem viel industriell investiert. Es wurde investiert, weil man sich ausrechnen konnte, daß diese Investitionen relativ hohe Profite bringen würden und auch gebracht haben.

Hat uns nicht andererseits das Gefüge unserer „Freien Marktwirtschaft" gegenüber dem Ausland in große Bedrängnis gebracht? Heute wissen wir, daß wir uns z. B. gegenüber der inzwischen entwickelten japanischen Hochtechnologie bereits auf der Verlierer-Straße befinden. Man stellt sich die berechtigte

Frage, was hat unsere Wirtschaft falsch gemacht? Natürlich kam andererseits auch hinzu, daß die Macht der Gewerkschaften den Arbeitgebern bei den alljährlichen Tarifverhandlungen höhere Löhne und Gehälter abtrotzten. Sicher soll der Arbeitnehmer seinen berechtigten Lohn haben; aber heute bedrückt uns alle, daß Arbeitgeber und Arbeitnehmer allzusehr „binnenpolitisch" gedacht haben. Hier sind im Grunde ernsthaft unsere Politiker samt ihrem Parteiensystem gefordert!

Man hätte von Anfang an wissen und erkennen müssen, daß unsere „Freie Marktwirtschaft" auch sogenannte ungeschriebene Gesetze in sich birgt. Gesetze, die nicht unmittelbar den Wirtschaftsprozeß praktisch bewirken, sondern Gesetze, auf die eine Wirtschaft, wenn sie auf Dauer erfolgreich sein will, niemals verzichten kann und darf, nämlich auf das Gesetz des „immateriellen Wertes".

Das Verhängnis unserer „Freien Wirtschaft":

So erfolgreich unsere Wirtschaft die ersten drei Jahrzehnte nach dem Kriege war, soviel Negativ-Erscheinungen ergaben sich in den folgenden Jahrzehnten. Die Welt und wir Deutschen sprechen nicht mehr vom „Wirtschaftswunder", der Export, unsere immer schon mächtigste Wirtschaftskomponente bröckelt schon seit Jahren ab.

Was war geschehen? Die immateriellen Werte wurden sündhaft in den letzten Jahrzehnten vernachlässigt. Diese Wahrheit muß man den Politikern anlasten, die nicht in der Lage waren, rechtzeitig für die Verhaltensweise der Unternehmer sowie der Arbeitnehmer notwendige Zeichen der Moral und der Ethik zu sctzcn.

Es widerspricht keinesfalls dem Gesetz der Freien Marktwirtschaft, wenn die Arbeit und Handlungsweise des Menschen sich im Rahmen einer menschenwürdigen Ordnung und Disziplin vollzieht.

Lassen wir doch Erich Fromm, den Psychoanalytiker, sprechen

„Ich bin um so mehr, je mehr ich habe!"

„Ich kann nie zufrieden sein, denn meine Wünsche sind endlos!"

„Ich muß jene beneiden, die mehr haben als ich, und jene fürchten, die weniger haben als ich"!

„Der einzelne zieht eine sich abzeichnende Katastrophe den Opfern vor, die er jetzt bringen müßte, um das Schlimmste abzuwenden!"

„Der leidenschaftliche Trieb, immer mehr haben zu wollen, ist nicht angeboren, sondern hat sich durch die Entwicklung unseres Systems im Habenmenschen geformt."

Hier spricht Erich Fromm einerseits vom Habenmenschen, andererseits beklagt er, daß unser „System" in den letzten Jahrzehnten nicht in der Lage war, unserer Gesellschaft die notwendigen „immateriellen" Werte zu vermitteln. Daran krankt unsere Gesellschaft ganz entscheidend.

Über den Begriff „Sozialismus"

Ausgehend von der KP (Kommunistische Partei) der Sowjetunion und der SED (Sozialistische Einheitspartei) in der DDR wurde im Denken des Westens dem Begriff Sozialismus zu sehr eine „rote Färbung" zugefügt. Es liegt daher in der Absicht dieser Niederschrift zu versuchen, die Bedeutung des Sozialismus in eine ursprüngliche und für die Ausformung einer künftigen Gesellschaft notwendige Darstellung zurechtzurücken.

Zwei große Gruppen des Sozialismus

a) Materielle Hilfe (Sozialhilfefreie Wohlfahrtspflege)
b) Immaterielle Hilfe (Sozialethik - Sozialforschung)
Sozialhilfe ist bekanntlich gesetzlich geregelt. Unterstützung wird finanziel gewährt, wenn sich der Betroffene aus eigenen Kräften und Mitteln nicht helfen kann oder auch von Angehörigen keine Unterstützung zu erwarten hat. Die Sozialhilfe/Sozialfürsorge gliedert sich auf in verschiedene Aufgaben. Um nur einige zu nennen: das sind Familienhilfe-Familienpflege-Hilfe für geistig und körperlich Behinderte und ähnliche Aufgaben mehr.
Die Sozialhilfe wird ergänzt durch die freie Wohlfahrtspflege.

Immaterielle Hilfe

Sozialethik reicht zunächst auch hinein in den philosophischen Bereich.
Unter Sozialethik versteht man weiterhin das Verhalten gegenüber seinem Mitmenschen und auch gegenüber der Gemeinschaft. Sozialethik ist auch die Lehre von den sittlichen Normen, die sich mit der sittlichen Ordnung der Gesellschaft befaßt. Sie steht auch in enger Beziehung zu den Sozialwissenschaften.
Auch das Wort Kommune wird oft falsch ausgelegt oder nicht richtig verstanden. Kommune - Ge-

meinsamkeit - Gemeinde. Der Begriff hat seine geschichtliche Entwicklung und taucht schon auf in mittelalterlichen, italienischen Gründungen von Stadtstaaten. Später hat sich z. B. auch in Paris die Commune de Paris (der Pariser Stadtrat) gebildet. Oder, die Communards setzten sich das Ziel, den Sozialismus zu verwirklichen.

Soziale Verhaltensweise in unserer Gesellschaft

Leider haben es unsere Politiker versäumt, das soziale Verhalten und ihre Umsetzung gegenüber dem Mitmenschen entsprechend bewußt zu machen. In den Jahrzehnten nach dem Kriege hatte sich die Bevölkerung des Westens bekanntlich durch den wirtschaftlichen Aufbau eine gute materielle Lage gebildet. Leider hat sich in diesen Jahrzehnten eine Gesellschaft herausentwickelt, deren Denk- und Lebensweise zu sehr materiell geprägt war und ist. Es stellt sich zwingend die Frage, wo denn eigentlich das „Für- und Miteinander" ist, ein Wort, das auch gerne von unseren Politikern in den Mund genommen wird. Nach Lage der Dinge blieb es wohl bei einem Lippenbekenntnis. Es ist kein ermunterndes Bild unserer Gesellschaft, wenn dabei der Einzelne, einerseits mißtrauischer wird und andererseits sich immer einsamer fühlt, aber auch neidisch auf den, der mehr hat und Angst vor dem, der weniger hat. Ist der Mensch in unserer gesamten westlichen Welt nicht schon so erzogen, daß er glaubt immer mehr haben zu müssen und selbst wenn es zu Lasten seines Mitmenschen geht?

Lassen wir nochmals Erich Fromm sprechen:
Der Mensch des Habens

„Er ist selbstsüchtig, egoistisch, begierig und profitgierig."

Der Mensch des Seins

dagegen sagt: „Wenn ich bin, der ich bin, und nicht, was ich habe, kann mich ernsthaft niemand berauben oder meine Sicherheit und mein Identitätsgefühl bedrohen. Ich empfinde innere Freiheit, Unabhängigkeit und kein Angstgefühl."

Was meinte in diesem Zusammenhang ein <u>August Bebel</u>, geb. 22. 2. 1840, gest. 13. 8. 1913, Mitbegründer der Sozialdemokratischen Arbeiterpartei:

„Ohne Sozialismus keine Demokratie, ohne Demokratie kein Sozialismus."

Abschließend darf gesagt werden, daß das Leben Jesu Christi das größte Beispiel für soziales Denken und Handeln war. Jesus Christus wurde arm geboren, sein Leben gehörte im Grunde den Armen und Entrechteten, und er ist schließlich arm gestorben.

9.
Fundamentale, politische Systemveränderung

In den letzten Jahren haben sich Politiker, Wirtschaftswissenschaftler, einschlägige Behörden und Firmen in anerkennenswerter Weise rechtschaffen bemüht, unser bestehendes wirtschaftspolitisches System zu durchleuchten, und darüber auch z. B. Statistiken aller Art erstellt. Diese Arbeiten hatten in der Regel hohen Informationswert für jeden interessierten Menschen und darüber hinaus auch für die Bevölkerung. Bei aller Anerkennung, es blieb bisher in der Regel doch „nur" bei einem Informationswert. Der „Mann auf der Straße" fragt sich aber allzuoft, wo bleiben die <u>Lösungen?</u> Dazu kommt noch, daß z. B. zur Diskussion stehende Sachthemen unserer Politiker allzuschnell und in der Regel recht gerne seitens unserer Journalisten einer kritischen Darstellung unterzogen werden. Aber auch hier wartet man vergebens auf bessere Vorschläge. Zugegeben, unsere gesamtpolitisch-wirtschaftliche Lage macht es den Politikern und allen einschlägigen Stellen schwer, bessere, praktikable und herausragende Vorschläge zu machen. Wiederum so glaubt man zu wissen, daß sich unser Parteiensystem in eine politisch und wirtschaftlich eingefrorene und damit ausweglose Lage hineinmanövriert hat.

Eine Situation, die natürlich nicht nur Deutschland, auch nicht nur Europa, sondern zumindest die ganze westliche Welt und darüber hinaus viele übrige Völker und Staaten beschäftigt.

Geistiger Aufbruch und
geistige Erneuerung der Menschheit

Nach allem, was diese Niederschrift bereits beinhaltet, stellt sich der Menschheit zwangsläufig eine weltweite Herausforderung, die da lautet:

„Wir brauchen eine neue Charaktergesellschaft!"

Unsere Menschheit hat eine Art Kulminationspunkt erreicht, der zur Folge hat, daß dabei in ihrem politischen-wirtschaftlichen, ja auch letztlich religiösen Leben die immateriellen Werte weitgehend verloren gingen.

Hinter der christlichen Fassade entstand eine neue, geheime Religion, die Religion des Industriezeitalters. „Heilig" sind das Eigentum, der Profit, die Macht, die Selbstsucht.

Unser Leben ist ein bunter, gigantischer Jahrmarkt aus Attraktionen, die sich immer greller überbieten. Was zählt eine menschliche Begegnung im Vergleich zu den Zirkusspielen unserer Zeit, den Fußballschlachten und ihren Exzessen, dem Kampf um Hunderttausendstel Sekunden zu Land und im Wasser?! Was bedeutet schon ein mühsam erarbeitetes Gehalt oder ein zu Recht erworbener Wochenlohn gegenüber den in wenigen Stunden kassierten Millionen im jeweiligen Leistungssport. Nichts gegen den Leistungssport, aber jeder fragt sich ärgerlich: wo liegen hier die finanziellen Grenzen?

Auch nichts gegen schallende Schlagermusik, aber keine Musik, die textlich und in ihrer Lautstärke die Jugend, die natürlich anfällig ist, berauscht und nicht selten „ent"-sinnt.

Es ist seltsam und ungewöhnlich, wohin unser Industriezeitalter die Menschheit gebracht hat. Heute wird rundum festgestellt, daß die mit ihrer Entwicklung versprochene „Verheißung" nicht eingelöst wurde. Im Gegenteil, die Menschheit muß heute über sich ergehen lassen eine unbegrenzte Produktion, unbegrenzten Konsum, ein unbegrenztes Wachstum, nicht immer segensreich, fundierend auf einer allmächtigen Technik und einen manchmal risikoreichen Wissenschaft.

In der Tat, wir leben in einer wachstumsbesessenen und industriellen Zivilisation, werden vom Leistungszwang gepeitscht, vom Prestigekonsum getrieben und von Konkurrenzangst gejagt.

Der Ablösungsprozeß unseres Parteiensystems

Mit dieser Überschrift ist, nur zur Klarstellung, an alle Parteiensysteme zumindest der westlichen Welt gedacht. Die schon erwähnte Neuformung einer Charaktergesellschaft stellt die Menschheit, als eine natürliche Folge, vor eine wirtschaftspolitische und kulturelle Revolution.

Es ist bewußt nicht an Reformen gedacht, sondern an die Durchführung eines Revolutionsprozesses. Selbstverständlich will diese Niederschrift hervorheben, daß es sich nur um die Abwicklung einer „sanften" Revolution handeln kann. Eine Revolution, die absolut nichts mit Waffenkämpfen oder gar mit Blutvergießen zu tun hat. – Nein, unsere weltwirtschaftliche und kulturelle Situation hat zeitlich einen Punkt erreicht, der unüberhörbar die Ablösung unserer Parteiensysteme signalisiert.

Nochmals muß kurz dargestellt werden, in welcher Lage wir uns befinden:

Wir haben bereits eine Zweidrittel-Gesellschaft, Milliardäre und Millionäre vermehren sich, mit anderen Worten, die Reichen werden reicher, die Armen werden ärmer.

Korruptionen, Unregelmäßigkeiten aller Art, Mißwirtschaft, Massenarbeitslosigkeit, Steigerung der Kriminalität, Drogenprobleme, verbreitete Homosexualität, Spielautomatensucht, Mafia und Aidskrankheit markieren vor allem unser letztes Jahrzehnt.

Die Ablösung ist überreif

Es soll, nein es muß ein Ablösungsprozeß erfolgen, der zwangsläufig einem Generationsprozeß gleich kommt.

Nochmals soll in diesem Zusammenhang an unsere zweitausendjährige Geschichte erinnert werden. Eingangs dieser Niederschrift wurde dargelegt die Art der unterschiedlichsten Regierungsformen. König- und Kaiserreiche, Dynastien, Großfürsten- und Fürstentümer und Großgrundbesitzer, sie alle waren zu ihrer Zeit berechtigt, bis jeweils nach Erfüllung ihrer Aufgabe eine weitere, eine andere Regierungsform folgte.

Wir leben in einer Zeit, die uns signalisiert, daß unsere Parteien ihre Aufgaben erfüllt haben. Dies zu schreiben kommt einer Einsicht gleich, die ebenso inhaltsschwer wie risikoreich ist. Wir können etwa auf eine 200 jährige Geschichte eines Parteiensystems mit demokratisch-parlamentarischer Prägung (ausgenommen die Hitlerzeit) zurückblicken. Es kann ernsthaft niemand bestreiten, daß im Verlauf dieser 200 Jahre die Parteien und ihre Politiker in bester

Absicht ihre Kraft im Dienste des Volkes und einer Vertiefung des demokratischen Selbstverständnisses eingesetzt haben. Trotzdem konnten es die Parteien und ihr System nicht verhindern, daß diese 200 Jahre gezeichnet waren von einem <u>sozialen Auf und Ab</u>, begleitet mit viel Not und Elend. Eine alte Lebenserfahrung besagt doch, man soll das Ende seines Wirkens rechtzeitig erkennen und dann in Würde abtreten und nicht durch uneinsichtiges Verharren schließlich in Kläglichkeiten verfallen.

Liefert uns die Natur nicht auch hier, wie so oft, das beste Beispiel? Die Frucht fällt vom Baum, wenn sie reif ist, andernfalls würde sie verfaulen!!

10.
Das Neue der Ablösung:
Die Bildung
von Facharbeitsgemeinschaften

Wenn hier eine ganz neue Idee geboren wird und demzufolge eine erstmalige Regierungsform realisiert werden soll, dann deshalb, weil mehr und mehr sich die Überzeugung durchsetzt, daß die 200 jährige Arbeit der Parteien überreif geworden und daher, um wieder bildlich zu sprechen, die Frucht vom Baum gefallen ist.

Hier ist nun die junge Generation gefordert!

Nochmals muß darauf hingewiesen werden, daß es sich um einen Ablösungs- und Generationsprozeß handelt. Diesem Prozeß muß eine gewaltige und umfassende Informations- und Aufklärungsarbeit vorausgehen. Dieser Appell muß an alle Volksschichten, vor allem natürlich an die junge Generation verbal und durch schriftliche Hinweise über Jahre hinweg gerichtet werden. Der Ablösungsprozeß muß von unten nach oben erfolgen; d. h. von der jungen Generation ausgehend hin zum Alter.

Die junge Generation kennt keine Parteien mehr.

Diese Erkenntnis soll natürlich nicht jenem Aufruf gleichkommen, den einmal Kaiser Wilhelm im Jahre 1914 an die Parteien richtete, um dann über ihre Köpfe hinweg (auch ein Versagen der Parteien) den Krieg an Frankreich zu erklären. Nein, hier tritt das Gegenteil ein; die Jugend kennt keine Parteien mehr, um endgültig einen dauerhaften Frieden auf dieser Welt zu garantieren. Die junge Generation wird zu der Überzeugung kommen, daß Wahlen und damit Parteien in Zukunft überflüssig sein werden.

Wie schon oben die Überschrift aussagt, soll die künftige Politik in den Händen von <u>Facharbeitsgemeinschaften</u> verantwortlich liegen. Es wurde bewußt diese Bezeichnung gewählt, da die Worte wie z. B. „Arbeitskreis" oder gar „Arbeitsausschuß" zu sehr abgenutzt sind und von den Parteien durch die Jahre mehr als strapaziert wurden. Außerdem sollen ja alle Sach- und Fachfragen <u>gemeinschaftlich</u> bearbeitet und gelöst werden, im Gegensatz zur bisherigen Form von Regierungspartei und Opposition, die schon auf Grund ihrer Parteienkonstellation bei Klärung eines Sachverhaltes oft einen monatelangen, ja nicht selten einen jahrelangen politischen Streit entfachen, um schließlich zu einem gewissen Ergebnis zu kommen.

Wie werden die Facharbeitsgemeinschaften zustande kommen?

Es wurde schon einmal erwähnt, daß es sich hier um einen Generationsprozeß handelt. Die junge Generation, die durch vorausgegangene Aufklärung überzeugt wurde, daß Wahlen nicht mehr notwendig sind, wird sich neben anderer Betätigung (Sport, Spiel, Musik) auf ihre berufliche Ausbildung konzentrieren können. Aus dieser Ausbildung werden im Laufe der Jahre, je nach Fähigkeit, die unterschiedlichsten Berufe hervorgehen, wie z. B. angelernte Berufe, gelernte Berufe, also Handwerker aller Art, Berufe mit weiterführender Ausbildung, das könnten sein Ingenieur, Architekt, Arzt, Betriebswirt, Finanzfachmann u. ä. Berufe. Aus diesen Berufen werden dann die geeigneten Persönlichkeiten hervorgehen. Persönlichkeiten, die berufen sind, Mitglied dieser Arbeitsgemeinschaften zu werden.

Facharbeitsgemeinschaften
auf allen Ebenen des Staates

Es ist wichtig, klarzustellen, daß die Einrichtung der Facharbeitsgemeinschaften im Grunde weder organisatorisch noch strukturell eine Veränderung voraussetzt. Der gesamte Aufbau, von der untersten Kommune bis zu den Ministerien, soll so bleiben, wie er uns bereits vertraut ist. Die Veränderungen grundsätzlicher Art werden nur, so wie es diese Niederschrift vorsieht, personeller Natur sein.

Die Facharbeitsgemeinschaften werden sich bilden können durch einen personell <u>fließenden Übergang</u> von der jungen Generation zur auslaufenden, noch im bestehenden Parteiensystem verharrenden älteren Generation. Wie schon betont, der fließende Übergang ist der Vollzug eines Generationsprozesses ohne Mißklang, ohne Haß und Zorn. Wie schon einmal zum Ausdruck gebracht, ist eine Langzeit-Informations- und Aufklärungsarbeit vorausgegangen, welche die junge Generation überzeugt hat, daß dieser Ablösungsprozeß nur bei absoluter Respektierung des Alters durch die Jugend gelingen kann.

Die junge Generation muß im Zuge dieses Ablösungsvorganges nicht etwa grundsätzlich ein Versagen des Parteiensystems sehen. Nein, sie wird und muß mit dem Gefühl des Dankes und der Anerkennung, im Rückblick auf eine etwa 200jährige (ab der Pariser Revolution 1789) demokratisch-parlamentarische Regierungsarbeit, ihren eigenen Stil, ihre eigene Regierungsform finden.

Es ist nichts anderes als ein allzu natürlicher Vorgang, daß die Parteienarbeit überreif geworden ist und nun, um es nochmals bildlich auszudrücken, im vollen gegenseitigen Vertrauen zwischen Jugend und Alter, die Frucht in den Schoß der jungen Generation fallen wird, und sie wird ihre neue Regierungsform finden.

Die Kritik der Parteipolitiker

Es überrascht nicht, wenn diesem Plan der jungen Generation ein „Meer" der Kritik entgegengehalten wird. Man muß sich mit diesem Vorhaben in der Tat erst mal weit und tief beschäftigen, um schließlich gedanklich der Sache näher kommen zu können.

Eine weitere Überlegung unserer Politiker wird sein, und auch dies ist verständlich, wie rein wirtschaftlich die persönliche Situation aussehen wird. Auch hier kann wiederum gesagt werden, daß es sich um einen fließenden Übergang handelt und daher Zeit gegeben ist, entweder aus Altersgründen auszuscheiden oder in seinen Beruf zurückzugehen. Ein früheres Ausscheiden mit Pensionsanspruch wäre auch denkbar.

Trotz dieser Zusicherung und trotz einer möglichen vertrauensvollen, gegenseitigen, im Ablösungsvorgang gegebenen Zuarbeitung wird im Hinterkopf der Politiker wohl immer noch ein Paket der Kritik verborgen sein!! Auch hierfür muß seitens der Jugend Verständnis aufgebracht werden. Wir alle, ob Politiker oder „Zuschauer", sind durch unsere gesamte Lebensweise und dadurch, daß wir nichts anderes kennen und erleben als die demokratisch-parlamentarische Regierungsform mit allen ihren Höhen und Tiefen, so geprägt,und in unsere bestehende Politik so sehr mit hineinverstrickt, daß uns ein anderes, ein neues politisches Denken kaum vorstellbar sein kann. Wir Menschen stehen vor der einmaligen Herausforderung, einem Regierungsnovum einsichtig das Vertrauen zu schenken.

Zweifellos hat das demokratische Parteiensystem im Verlauf ihrer 200 jährigen Geschichte vor allem in sozialer Hinsicht viele Erfolge zu verzeichnen. Unsere Gesellschaft hat jedoch den Eindruck gewonnen, daß in den letzten Jahrzehnten die Mißerfolge größer waren als die Erfolge. Dadurch hat sich eine allgemeine und weitverbreitete Parteiverdrossenheit gebildet.

Unser gesamtes System hat in den letzten Jahrzehnten eine Änderung erfahren. Dem erfolgreichen Wirtschaftsaufbau nach dem Kriege (Wirtschaftswunder) folgte eine allgemeine Verwirrung und damit von Jahr zu Jahr ein größerer, wirtschaftlicher und sozialer Niedergang. Massenarbeitslosigkeit, drastische Wohnungsnot und vieles mehr sind die traurigen Zeugen unserer Zeit. Das System hat uns verhängnisvoll geprägt. Zu jedem Problem, zu jeder Sachfrage muß sich unsere Gesellschaft endlose Streitereien der Parteien im Parlament anhören. Man vermißt in der Tat das sachliche Gespräch. Trägt z. B. die Regierungspartei irgendeinen Sachverhalt vor, die Oppositionspartei opponiert grundsätzlich, gleichgültig ob der vorgetragene Sachverhalt gut oder schlecht ist. Dann aber wird nicht nur stundenlang, nein, tage-, monate-, ja manchmal jahrelang um ein Thema diskutiert, bis schließlich eine Lösung halbwegs gefunden ist.

Man hat manchmal den Eindruck, als wollten sich unsere Politiker, vor allem z. B. im Fernsehen durch hitzige Streitgespräche, besonders profilieren. Dieser Arbeitsstil hatte zur Folge, daß sich die Wählerinnen und Wähler in den letzten Jahren ärgerlich und mit großem Befremden von den Parteien weitgehend abgewandt haben.

Eine weitere schwerwiegende Folge dieser beinahe unsinnigen Parteienstreiterei ist zwangsläufig die Entwicklung des Rechts- und Linksradikalismus.

Eine weitere Möglichkeit zur Bildung von Facharbeitsgemeinschaften

Wie schon einmal beschrieben, soll es sich zur Bildung der Facharbeitsgemeinschaft um einen fließenden Übergang von der jungen Generation hin zur älteren Generation handeln.

Im Zuge dieses Ablösungsprozesses kann noch zusätzlich, aus Gründen der Zweckmäßigkeit, zur Bildung dieser Arbeitsgemeinschaften :

a) das Mittel der Ausschreibung
b) das Mittel der Berufung
c) das Mittel der Bewerbung angewandt werden.

Im übrigen hat sich dies bei der Suche von besonderen Fachkräften auch immer schon bewährt.

Praktischer Aufbau der Facharbeitsgemeinschaften

Zur Klarstellung soll nochmals betont werden, daß sich im Behördenbereich strukturell und organisatorisch nichts ändern soll.

Im Zuge des Ablösungsprozesses steht an der Spitze eines Ministeriums der Minister, dann eben kein Parteimann, sondern ein für sein Ministerium zuständiger Fachmann.

Der Staatssekretär, die Hauptabteilung, Abteilungen, Referate usw. sind natürlich auch von zuständigen Fachleuten besetzt.

Alle notwendigen Gesetze und Maßnahmen werden in den Facharbeitsgemeinschaften auf den Ebenen der Hauptabteilungen, Abteilungen usw. ausgearbeitet und im Wege nach dem üblichen Behördenstil an die nachfolgenden Ebenen gegeben. (Landesregierungen)

Auch die Landesregierungen, die ebenfalls nur noch mit Facharbeitsgemeinschaften besetzt sind, werden, wie üblich, ihre notwendigen gesetzlichen Maßnahmen an Großstädte und Kommunen weitergeben.

Selbst in kleineren Gemeinden werden die Aufgaben in gebildeten Facharbeitsgemeinschaften erfüllt. Allerdings könnte es sein, daß im Hinblick auf den engeren Rahmen der Aufgabengebiete, ein Mitglied je nach seiner Ausbildung auch in einer weiteren Facharbeitsgemeinschaft tätig werden kann. Vor allem in den unteren Ebenen wird der Begriff Facharbeitsgemeinschaft seine besondere Bedeutung erhalten können.

Die Konsequenz der Facharbeitsgemeinschaften

Bisher wurde dargelegt, wie die Facharbeitsgemeinschaften sich bilden werden und wie ihre Arbeitsweise sein wird.

Es stellt sich nun die Frage, welche Konsequenzen dieser neue Arbeitsstil, diese absolut neue Regierungsform haben wird? Die Einrichtung der Facharbeitsgemeinschaften werden eine fundamentale Veränderung der gesamtpolitischen Arbeit mit sich bringen. Die politische, wirtschaftliche, soziale und kulturelle Lage in der westlichen Welt und darüber hinaus ruft nach einer revolutionären Wende unseres Lebens.

Die Menschheit ruft nach Persönlichkeiten, nach einer Elite, nach Fachkräften, nach Menschen, die unabhängig von Parteiengerangel und persönlich frei von wirtschaftlichem Spekulantentum unter Einsatz ihrer Fachkraft in den Arbeitsgemeinschaften tätig sein können. Solche Persönlichkeiten haben, ihren Beruf, und sollten sie je das Gefühl haben in der Facharbeitsgemeinschaft nicht mehr gebraucht zu werden, oder sollten private Gründe vorliegen, dann können sie ohne viel Aufhebens in Würde ausscheiden und ihrem Beruf wieder nachgehen.

Bei unseren Berufspolitikern machen wir eine ganz andere Erfahrung! Sie kleben an ihren Sesseln und kämpfen, mit wenigen Ausnahmen, von Wahl zu Wahl um ihre Existenz.

Der „Mann auf der Straße" hat, in den letzten Jahren, diesen Eindruck mehr und mehr gewonnen. Wenn sich ein Politiker in einer solchen Lage befindet, ist er kaum fähig, frei und nach eigener Überzeugung zu entscheiden. Dieses Erscheinungsbild unserer Politiker überschattet in erschreckendem Maße die gesamte Parteienarbeit.

Im Gegensatz zu dem endlosen Parteienstreit in den Parlamenten werden die Facharbeitsgemeinschaften effektiver und damit konsequenter arbeiten. Jedes Mitglied wird seine menschliche Qualität und sein ganzes fachliches Wissen zum Einsatz bringen.

Man wird sich nun fragen, ob diese ganzen guten Vorsätze auch realisiert werden können.

11.
Der Mensch im Mittelpunkt allen Geschehens

Mit rasendem Tempo reitet die westliche Welt, einschließlich Japan und Ostasien, in eine Welt der Hochtechnologie, der Autoindustrie, der Maschinenbauindustrie, in eine Welt der Roboter, der Telekommunikationsausrüstung, der Computertechnik und der Unterhaltungselektronik, um nur die wichtigsten Bereiche zu nennen. Trotz, ja gerade in dieser hochtechnisierten Welt ist der Mensch, der „homo sapiens", der vernunftbegabte Mensch, mit all seinen Qualitäten gefragt. Er steht mehr denn je im Mittelpunkt des Geschehens, alles, was er schafft, muß durch ihn beherrschbar und kontrollierbar sein und bleiben.

Der Mensch mit neuen Qualitäten

Um die Zukunft der Menschen auf dieser Welt zu meistern, brauchen wir Führungsqualitäten. Dieser Satz ist schlicht und beinahe nüchtern geschrieben, stellt aber inhaltlich Menschen, die Verantwortung tragen, vor eine ungeheure Herausforderung. Eine Herausforderung, die zweiteilig sein muß:

a) gründliche berufliche Ausbildung
b) menschlich-charakterliche Stärke

Gründliche berufliche Ausbildung

Es wird in einem späteren Abschnitt dieser Niederschrift versucht, dem erschreckenden Tempo unserer Wirtschaft gewisse Grenzen zu setzen; dies schließt jedoch nicht aus, daß wir in unserer technisch hochentwickelten Weltwirtschaft ebenso Menschen mit einer umfassenden, qualifizierten Ausbildung brauchen. Schon in den vorgesehenen Facharbeitsgemeinschaften wird diese Notwendigkeit vorgelebt. Ihre Mitglieder sind Fachleute, und diese Struktur, dieser Stil der Facharbeitsleistung zieht sich wie ein roter Faden durch alle Arbeitsebenen, vom Ministerium angefangen bis hinunter zur untersten Ebene der Kommune. Diese rein behördliche Vorbildfunktion wird ihre Zeichen setzen und ausstrahlen auf unser gesamtes wirtschaftliches, soziales und kulturelles Leben.

Menschlich-charakterliche Stärke

Schon unsere Philosophen aus der Zeit der Antike haben herausgefunden , daß der Mensch ein unzulängliches Wesen ist. Es war jedoch seit Menschengedenken die Aufgabe und das Bemühen der jeweiligen Regierungsform und ihrer Führung, diese Unzulänglichkeit des Menschen so gut wie möglich zu minimieren. Das Auf und Ab der vieltausendjährigen Geschichte liefert der Menschheit davon ein lehrreiches Spiegelbild.

Zurück mit einem Blick auf unser gegenwärtiges Geschichtsbild. Alle Anzeichen sprechen dafür, daß unser Gesamtbild politisch, wirtschaftlich und kulturell ein gewisses Tief ausweist. Es ist eine bedauerliche Tatsache, daß die Politiker, vor allem in der westlichen Welt, kraft ihrer Regierungsformen, kraft ihres Parteiensystems und ihres demokratischen Parlamentarismus dieses Tief nicht verhindern konnten, diese gegenwärtigen Regierungsformen, vor allem in den letzten zwei Jahrzehnten, die Menschen weitgehend charakterlich verändert haben.

Unsere Politiker und ihr Parteiensystem konnten nicht verhindern, daß die nach dem Kriege verhältnismäßig gut „gezimmerte" freiheitliche Grundordnung heute nur noch ein Bild der Verzerrung, der Verwässerung, ja beinah ein Bild der Zerstörung darstellt. Die Idee der ursprünglichen „freiheitlichen Grundordnung" wurde inzwischen weitgehend mißbraucht. Das System der Facharbeitsgemeinschaften ist, wie in dieser Niederschrift schon einmal festgehalten, mit dem Ziel der Schaffung einer neuen <u>Charaktergesellschaft</u> angelegt. Der Mensch muß sich wieder im Mittelpunkt seines Daseins empfinden. Seine guten Tugenden, die in jedem Menschen ruhen, werden durch das System der Facharbeitsgemeinschaften ganz bewußt neu belebt. Die guten Tugenden, die da heißen: Unbestechlichkeit, Rechtschaffenheit, Einsicht, Toleranz, Ehrlichkeit u. ä., werden die Träger und die Säulen in der Gestaltung einer in die Zukunft weisenden menschlichen Gesellschaft sein. Unsere Gesellschaft ist, vor allem seit den letzten zwei Jahrzehnten, einem ökonomischen Zwang zum fortgesetzten Wirtschaftswachstum ausgesetzt. Mit anderen Worten handelt es sich hier immer nur um <u>Wachstum nach außen,</u> also materielles und finanzielles Wachstum, verbunden mit der Prämisse:<u> Erwerb - Besitz - Gewinn machen.</u>

Ist es für die Menschheit nicht schon längst moralisch eine ernsthafte Herausforderung, im Hinblick auf die gesamte Weltwirtschaftslage, wenigstens befristet, auf ein <u>„freiwilliges Ende des Wachstums"</u> zu

bestehen?! – Kathegorisch ist „inneres Wachstum"
gefragt. Der Menschheit eine neue Geisteshaltung
überzeugend anzuerziehen, verbunden mit sittlich-
moralischer Stärke und Kraft, muß die andere, die
neue Prämisse für die künftige Gestaltung eines se-
gensreichen Lebens sein.

Die Facharbeitsgemeinschaften werden einst antre-
ten mit dem Ziel, durch ihre Geisteshaltung den Menschen zu formen und durch Vorbild zu erziehen für
eine gemeinschaftsbildende Idee und einen umwäl-
zenden Wandel der menschlichen Grundeinstellung.
Daraus könnte eine Lebensweisheit erwachsen, deren
Säulen und Träger die hohen Begriffe wie Sozialismus, Idealismus und Materialismus harmonisierend
zur Wirkung kommen lassen.

Eltern - Schule und Sport

Für das innere Wachstum des Menschen sind weiterhin natürlich die großen und bewährten Erziehungsträger Elternhaus, Schule, und Sport miteinge-
bunden. Es liegt nicht in der Absicht dieser Niederschrift, die umfassenden und verantwortungsvollen
Aufgaben im einzelnen zu markieren. Es ist unschwer
auszusagen, daß diese Erziehungsträger sich der jungen Generation mit ihren Erfahrungen öffnen werden.

Die Facharbeitsgemeinschaften werden auch hierfür, gemessenen Maßes Vorbildarbeit leisten.

In Harmonie mit der Ökologie

Es darf nicht versäumt werden, im Rahmen dieser
Niederschrift wenigstens in groben Zügen über das
Verhältnis des Menschen zu seiner Umgebung aus-

zusagen. – Vor allem das Tempo des wirtschaftlichen Wachstums hat die Menschheit in die Gefahr gebracht, zu seiner Umwelt in ein unfreundliches, ja in letzter Zeit mehr oder weniger in ein feindliches Verhältnis zu geraten. Die Naturwissenschaft brachte die größte Bewußtseinsänderung unserer Gesellschaft hervor.

Um die Bedeutung dieses Themas zu unterstreichen, sollte man einige Persönlichkeiten der einschlägigen Wissenschaft zu Wort kommen lassen.

Was sagt der Philosoph Ernst Bloch dazu:

„Die technische Praxis in der bürgerlich-kapitalistischen Gesellschaft ist geradezu eine militärische Vergewaltigung der Natur. Sie steht wie eine Besatzungsarmee im Feindesland."

Und unser großer Geist und Dichter Goethe: (Zur Betrachtung der Natur)

„Nirgends ein Bestehendes, nirgends ein Ruhendes, ein Abgeschlossenes, sondern alles in einer steten Bewegung schwankendes."

Seine Urpflanze:

„Mit seinem denkenden Auge sieht er die ursprüngliche Identität aller Pflanzenteile, gleichgültig, um welche Pflanze es sich auch handelt." (Idealistische Morphologie).

Martin Heidegger, Philosoph:

„Der Mensch kann sich nur als Geschöpf unter Geschöpfen verstehen."

Erich Fromm, Psychoanalytiker: (Das Verhältnis des Menschen z. Natur)

„Wir wollen die Natur uns untertan machen."
„Wir haben weitgehend ein feindseliges Verhältnis zur Natur."
„Die Industriegesellschaft verachtet die Natur."
„Wo bleibt die Harmonie von Mensch und Natur?"

Erhard Eppler, führender Sozialdemokrat:

„Die Technik bringt nicht unbedingt ein besseres Leben."(Betonierte Landschaft - stumpfsinnige Arbeit)
„Naturgesetze erkennen, respektieren und richtig anwenden."
„Es kommt darauf an, ob wir lenkendes Subjekt oder manipuliertes Objekt des technisch-ökonomischen Prozesses werden."
Erhard Eppler spricht vom selektiven Wachstum:
„Politische Entscheidungen, was wachsen soll, was weniger wachsen soll."
(Energie - Rohstoffnutzung - Verpackung - Umweltschutz - Verkehr - Stadtplanung - Landwirtschaft - Gesundheit)
„Ökologie und Ökonomie, sie gehören mehr zusammen, als uns bewußt ist."
Die vorgesehenen Facharbeitsgemeinschaften werden im Blick auf dieses außerordentlich wichtige Thema planvolle Arbeit leisten.
In diesem Zusammenhang muß es erlaubt sein, Auszüge aus einigen Zeitungsartikeln zu bringen:
a) Vorschläge, wie man Arbeitslosigkeit minimieren könnte.
b) Wie man sinnvolle Arbeit zum Schutze unserer Umwelt leisten könnte.
Hier ein erster Zeitungsauszug:

Überschrift: „Belgien auf neuen Wegen gegen die Arbeitslosigkeit."

Mit zwei für Belgien völlig neuartigen Maßnahmen will die Brüsseler Regierung die Arbeitslosigkeit weiter senken. Weiblichen Jugendlichen wird vom 20. Lebensjahr an der Weg zum Militär freigegeben. Wehrpflichtige Männer können die Dienstzeit freiwillig verlängern. Ein „nationaler Hilfsdienst", dem Innenministerium unterstellt, übernimmt gemeinnützige Aufgaben bis hin zum Luftschutz. Von den 8000 männlichen zwanzig Jahre alten Jungendlichen leistet bisher nur die eine Hälfte Wehrdienst. Den anderen, häufig arbeitslos, wird nun der Eintritt in eine Art Arbeitsdienst auf freiwilliger Grundlage ermöglicht. So hofft Brüssel, viele von ihnen „von der Straße" zu bringen. Zugleich können soziale Dienste vielfältiger Art angepackt werden, die bisher unerledigt bleiben. Der freiwillige Arbeitsdienst nimmt auch junge Soldaten auf, die entweder für verlängerten Wehrdienst wegen Überfüllung nicht in Frage kommen oder nach Abschluß ihrer Dienstzeit keine Arbeit finden.

Weitere Kurznachrichten aus der Zeitung:

„Die Niederlande werden noch in diesem Jahr Arbeitslager für jugendliche Straftäter einrichten, hieß es im Justizministerium Den Haag."

Goslar: Rund 100 arbeitslose Männer des Arbeitsamtsbezirks Goslar sind z. Zt. im Harz für den Natur- und Waldschutz tätig. Im Rahmen von Arbeitsbeschaffungsmaßnahmen (ABM) übernehmen sie bis Ende Oktober außerdem Aufgaben, die die Forstleute angesichts der zunehmenden Waldschäden nicht bewältigen können. Die Motivation der eingesetzten Männer sei überraschend gut und allen mache die Arbeit Freude. Viele seien froh gewesen, überhaupt wieder eine Beschäftigung zu finden. Die meisten der Männer, die aus den unterschiedlichsten Berufen kommen, seien schon längere Zeit ohne Beschäftigung gewesen. Der Leiter des Forstamtes meinte allerdings mit Bedauern, daß er wegen der hohen Kosten nicht an größere Projekte der Natur- und Landschaftspflege heran konnte."

Auch eine Zeitungsnotiz:

Im Einsatz zur Bekämpfung der Borkenkäferplage in bayrischen Wäldern sind seit Montag über 200 Bundeswehrsoldaten. Unter anderem entrinden sie frisch gefällte Bäume. Die Borke wird vernichtet.

Weitere Zeitungsberichte:

Bundeswehrsoldaten haben sich bei der Flutkatastrophe im Donaugebiet hervorragend bewährt. Die betroffene Bevölkerung und die Behörde lobten den Eifer und die Hilfsbereitschaft der jungen Uniformträger. Die Soldaten selbst freuen sich darüber, eine sinnvolle Arbeit verrichtet zu haben.

Auch der Bundesrat stimmte zu: „Ökologisches Jahr für junge Leute."

Bonn (ap) Nach dem Bundestag hat auch der Bundesrat dem Gesetz zur Förderung eines freiwilligen ökologischen Jahres zugestimmt. An dem sechs bis zwölf Monate dauernden Dienst kann teilnehmen, wer zwischen 16 und 27 Jahre alt ist. Den Teilnehmern kann Unterkunft, Verpflegung, Arbeitskleidung und ein Taschengeld sowie ein Zuschuß für die Rentenversicherungsbeiträge gewährt werden. Die Länder forderten die Bundesregierung auf, den Dienst aus dem Bundesjugendplan zu unterstützen.

„Warum nicht ein Arbeitsdienst?"

Frankfurt (dpa) Für die Einführung eines „Arbeitsdienstes" neben Bundeswehr und Zivildienst hat sich ein Politikwissenschaftler ausgesprochen. Die Abneigung dagegen sei „historisch verständlich, aber nicht haltbar", erklärte der emeritierte Ordinarius. Solche Dienste könnten beispielsweise zum Abbau von Altlasten in Ostdeutschland eingesetzt werden.

Diese Zeitungsartikel fallen etwas aus dem Rahmen der Niederschrift, sie sollen jedoch aufzeigen, daß in der Tat manchmal seitens des Staates sowie auch der Bevölkerung gute Ansätze gemacht werden, die aber in der Regel bei der breiten Bevölkerung, vor allem bei der Jugend, bedauerlicherweise nie zum Tragen kommen, sei es, weil der Staat hierfür die finanziellen Mittel nicht bereitstellt oder weiterfolgende Initiativen fehlen. Auch hier zeigt sich eine Schwäche unseres Parteiensystem.

12.
Die Menschheit und ihr zukünftiges Bild einer Weltschau:

Es ist die Aufgabe dieser Niederschrift, dem Leser zu helfen, nachdenklich zu werden im Blick auf unsere, nicht gerade sehr erfreuliche, wirtschaftspolitische sowie soziale und kulturelle Situation. Darüber hinaus, und dieses scheint noch wichtiger zu sein, unternimmt diese Niederschrift den Versuch, dem Leser Orientierungshilfe bei seiner Betrachtung der gesamten Weltlage zu geben.

Nur ein neuer, anderer Mensch
kann die Zukunft meistern

Es gibt Autoren, deren Bücher inhaltlich kluge und interessante Gedanken hinsichtlich unserer politischen Lage ausweisen, es gibt eine Unzahl von Statistiken und Aufzeichnungen, die ebenfalls dem Menschen in dieser Richtung viel sagen können. Es wird alles, oft unbarmherzig, einer Kritik unterzogen, wo aber bleiben Vorschläge, die einen praktischen Niederschlag finden könnten?

Im Rahmen dieser Niederschrift wurde versucht, ein zukunftsweisendes, neues Führungssystem zu entwickeln, eine Regierungsform darzulegen, die aufgabeninhaltlich und strukturell in der Lage sein würde, das jetzige parlamentarische Parteiensystem abzulösen. Die Notwendigkeit einer Ablösung wurde in dieser Niederschrift hinreichend aufgezeigt.

Es muß noch einmal erinnert werden, daß diese Ablösung einem Generationsprozeß gleichkommt. Das Denken unserer Generation ist durch die in letzter Zeit fehlgerichtete Arbeitsweise unserer bestehenden Parteien soviel wie „eingefroren" und daher kaum noch fähig, neue Ideen zu entwickeln. Um es nochmals klar zu sagen, die junge Generation tut gut daran, sich von Parteien jeder Couleur fernzuhalten, sofern noch Wahlen stattfinden sollten, solche aus Überzeugung zu ignorieren und so ein notwendiger „Austrocknungsprozeß" der Parteien, eine natürliche Folge sein würde.

Auch an dieser Stelle soll wiederholt werden, daß dieser Prozeß auch nur mit dem Ausdruck des Dankes und des Respektes gegenüber der älteren Generation vollzogen werden sollte.

Aus diesem Ablösungsprozeß wird sich herausentwickeln eine junge Generation, deren Denkart unabhängig von Parteien sein wird, eine Generation, die durch das Vorbild der Facharbeitsgemeinschaften ihr Leben auf neue berufliche und auch ideele Vorstellungen aufbauen kann.

Und weiter wird sich aus dieser Generation endlich eine Elite herauskristallisieren, die eines geschulten Blickes, ja eines Weitblickes für eine neue politische und wirtschaftliche Weltschau fähig sein wird. Wir brauchen eine Elite, die klug genug ist, gedanklich über den „deutsch- europäischen Zaun" hinwegzuschauen, und schließlich fähig genug ist, das „Tor zur Bildung einer abgerundeten Weltschau" aufzustoßen.

Es muß die Zeit kommen, in der sich die Elite der Welt am „runden Tisch" zusammenfindet, um in gleicher Denkart eine „Weltregierung" zu schmieden, auf der Grundlage eines echten und wahren menschlichen Sozialismus.

Die Welt ist aufgebaut auf der Naturgesetzmäßigkeit der Polarität. Wir sprechen von Makrokosmos und Mikrokosmos, von der großen Welt und von der kleinen Welt, und schließlich von einer Evolutionslehre, die in ihrer Gesamtheit auf der Gesetzmäßigkeit der Polarität beruht.

Auch im menschlichen Leben walten die Gesetze der Polarität. Der Mensch kann fleißig oder faul, gerecht oder ungerecht, ehrlich oder unehrlich, lieb oder gehässig usw. sein. Auch seine Umwelt beruht auf dieser Gesetzmäßigkeit der Polarität. Diese Polarität findet ihren Ausdruck, mit mathematischer Sicherheit, auch in der Entwicklung der menschlichen Gesellschaft. Dies lehrt uns immer wieder unsere Geschichte.

Mit Absicht wurde eingangs dieser Niederschrift, in groben Zügen, ein Aufriß der Entwicklung der wichtigsten Völker gezeigt. Diese Jahrtausende sind im Rückblick doch gezeichnet von Krieg und Frieden, von Not und Elend, aber auch wieder von Wohlstand und Zufriedenheit.

Es stellt sich nun die Frage, in welcher zeitlichen Phase wir leben? Zwei Weltkriege liegen hinter uns. Die Regierungsformen allein im letzten Jahrhundert, in einem „Abwechslungsspiel" zwischen Monarchie und Parteiensystem, konnten diese Kriege nicht verhindern.

Haben wir aus der Geschichte wieder nichts gelernt?!

Rasen wir nicht wieder mit unaufhaltsamem Tempo in eine Welt, die am Ende Krieg bedeuten könnte? Wenn schon kein blutiger Waffenkrieg, dann aber in eine neue Form, in die Form eines Weltwirtschaftskrieges.

Für einen Weltwirtschaftskrieg fehlt der Menschheit jegliche Erfahrung. Daher ist die Gefahr des Ausbruchs eines solchen Krieges so groß, ja geradezu abenteuerlich. Ein Weltwirtschaftskrieg würde zunächst alle führenden Nationen einbeziehen und im Gefolge früher oder später die übrigen Nationen mit hineinreißen. Auch ein Wirtschaftskrieg würde am Ende einer Vernichtung der Menschheit nahe kommen.

Daher ist die jetzige Generation, vor allem aber die junge Generation aufgerufen, die heute noch kaum auszudenkende Gefahr eines Weltwirtschaftskrieges zu erkennen und schon den Anfängen zu wehren. In der Tat, Konturen dieses Krieges zeichnen sich bereits ab. Unsere Manager und Wirtschaftsführer lassen bis heute noch immer den Weitblick, ja den Blick für eine notwendige Weltwirtschaftsschau vermissen. Der Appell, sich einen umfassenden Blick für eine vernünftige Entwicklung der Weltwirtschaft anzuerziehen, richtet sich leidenschaftlich an alle in der Welt verantwortlichen Wirtschaftsführer.

Es grenzt an Perversion, wenn man in einschlägigen Büchern lesen muß, daß führende Manager, ungeachtet der daraus entstehenden Gefahren, von Wirtschaftsschlachten schreiben.

Es ist erschütternd, mit dem Gefühl leben zu müssen, daß unsere Politiker sowie die verantwortlichen Wirtschaftsführer in der Beurteilung und Einschätzung unserer Weltwirtschaftslage nicht viel dazu gelernt haben. Man muß doch endlich erkennen und zu der Überzeugung kommen, daß künftig nur weltweit gesehen und gehandelt werden kann. Immer noch wird allzusehr in Nationalismen, bestenfalls noch kontinentweit gedacht. Wir müssen schneller und besser lernen als bisher, daß unser Leben, das Leben der gesamten Menschheit auf diesem Planeten politisch, wirtschaftlich, sozial und kulturell im Rahmen eines weltwirtschaftlichen Gefüges eingebettet werden muß und koordiniert mit festgefaßtem Ziel eines dauerhaften Friedens. Wir müssen lernen, uns hineinzudenken in die kommenden Generationen, in die Welt unserer Kinder und Enkel.

Kein blutiger Krieg mehr auf dieser Welt

Trotz der gegenwärtigen Betrachtung der Welt darf man bei optimistischer Einstellung davon ausgehen, daß gute Ansätze und Voraussetzungen gegeben sind, große Kriege, so wie man sie aus jüngster Vergangenheit noch in Erinnerung hat, zu vermeiden. Wer kann sich heute noch einen Krieg innerhalb des europäischen Kontinents vorstellen?

Wollen wir nicht endgültig ausschließen, daß künftig noch ein Grund vorhanden wäre, einen Krieg zwischen Europa und Amerika vom Zaun zu brechen. Es hat nichts mit Fantasie zu tun, auch nichts mit Utopie, wenn man zu denken wagt, daß auch auf den übrigen Kontinenten unseres Planeten menschliche Verantwortung und Vernunft um sich greifen und schließlich größere Kriege vermieden werden könnten. Wäre dies nicht ein genialer Fortschritt, ein wundervolles weltgeschichtliches Ergebnis im Rückblick auf unsere vieltausendjährige kriegerische Geschichte?!

Der Gedanke, daß einmal kein Krieg mehr stattfinden könnte, grenzt an äußerste Kühnheit, ist aber doch schließlich realistisch und vorstellbar. Es drängt sich damit in Fortsetzung dieses Gedankens die Möglichkeit auf, daß die Abschaffung des Militärs im Bereich der Realität liegen könnte. Gewaltige Summen, die auf der Welt für Rüstung und den Unterhalt der Truppen in die Billionen gehen, hätten die Regierungen zur Verfügung für Arbeit und Wohlfahrt der Menschen.

Noch ist der Gedanke im Blick auf unsere noch gegenwärtigen Verhältnisse kaum aufgreifbar, doch könnte schon unsere nächste Generation die weitgehende Auflösung des bestehenden Militärs als eine mögliche und anstehende Aufgabe sehen.

Es wurde eingangs dieser Niederschrift schon einmal erwähnt, daß das Hauptmotiv einer Kriegsführung immer die Eroberung weiterer Territorien war.

Auf Grund der gegenwärtigen, und vor allem einer künftigen Konstellation bietet unsere Erde keinen Platz mehr, um solche Motive weiter ins Feld führen zu können und Kriege zu beginnen.

Eroberungen von Territorien haben in unserer modernen, hoch technisierten Welt keine große Bedeutung mehr. Wir Deutschen haben uns z. B. an den Gedanken weitgehend gewöhnt, daß wir durch den letzten Krieg Ostpreußen und Oberschlesien verloren haben. Ganz Österreich war jahrelang dem Deutschen Reich zugehörig, und niemand wird auf die Idee kommen, diese Gebiete „zurückerobern" zu wollen. Bestenfalls im Wege von Verhandlungen. In dieser Beziehung hat sich doch erfreulicherweise gedanklich ein fortschrittlicher Wandel vollzogen.

Die innere Sicherheit der Länder

Wenn von der Möglichkeit gesprochen wurde, daß in Zukunft keine Kriege mehr geführt werden könnten, so ist die Frage der inneren Sicherheit eines Landes eine andere Sache. Auch eine künftige, neue Regierungsform der Facharbeitsgemeinschaften wird nicht von Anfang an dem Menschen nur „goldene" Seiten abringen können. Der Mensch ist bekanntlich nicht die Verkörperung der Vollkommenheit. Mit anderen Worten, Grenz- und Polizeidienst, für die Aufrechterhaltung der inneren Sicherheit des Landes, sind auch weiterhin unerläßlich.

Unsere Entwicklung der Weltbevölkerung

Es gehört zur Aufgabe und Zielsetzung dieser Niederschrift, einen kurzen Aufriß über das brennende Problem der Entwicklung unserer Weltbevölkerung zu geben.

Der Text und die Zahlen, die der schon einmal erwähnte Theologe und Philosoph Dr. Eugen Drewermann in seinem Buch „Der tödliche Fortschritt" veröffentlicht hat, sprechen eine deutliche Sprache.

„Die erschreckende Tatsache lautet heute, daß die Weltbevölkerung sich vermehrt wie die Algen in einem eutrophierten Gewässer, bis zum „Umkippen" in eine unbewohnte Kloake. 1600 Jahre brauchte die Menschheit von Christi Geburt an, um sich von ca. 250 Millionen auf 500 Millionen zu vermehren; dann dauerte es nur noch 200 Jahre, bis die Weltbevölkerung auf das Doppelte, auf eine Milliarde, anstieg. Dann brauchte es nur noch l00 Jahre bis zur nächsten Verdoppelung: 1930 waren es zwei Milliarden Menschen! Inzwischen leben mehr als vier Milliarden Menschen auf unserer Erde; und bis zum Jahr 2000 wird die Weltbevölkerung bei über sechs Milliarden stehen." Diese Wiederholung sei erlaubt.

„In diesem Tempo weiterzurechnen, bedeutet für jeden Denkenden, die Apokalypse in Zahlen zu formulieren. Setzt man die mittleren Grunddaten voraus, so ergibt sich, bei besonderer Berücksichtigung der

Entwicklungsländer für den „kurzen" Zeitraum zwischen 1950 - 2100 dieses Bild (alle Zahlen in Milliarden):

	1950	1975	2000	2025	2050	2075	2100
Wb.[1]	2,5	4,0	6,4	9,1	11,1	12,0	12,3
B. E.[2]	-1,4	2,9	5,0	7,5	9,5	10,5	10,7

1 = Weltbevölkerung
2 = Bevölkerung in den Entwicklungsländern

Hinter dem angenommenen Abflachen der Kurven nach 2025 - 2050 entstehen Hungerkatastrophen von heute noch unvorstellbarem Ausmaß.

Dabei ist der Hunger nur ein Problem. Ein anderes ist die sich steigernde Massenarbeitslosigkeit." Soweit Herr Drewermann.

Herr Erhard Eppler, auch schon einmal erwähnt, sagt voraus: „Bis zum Jahr 2000 werden in der Dritten Welt 1,3 Milliarden Menschen hungern."

Diesen Feststellungen und Zahlen ist weiter nichts mehr hinzuzufügen, sie sprechen für sich.

Der Mensch und seine Umwelt:

Es ist nicht möglich, im Rahmen dieser Niederschrift an dem elementaren und umfassenden Komplex der Ökologie vorbei zu kommen. Nein, es war schon zu Beginn mit eingeplant, die wichtigsten Fakten, die die Menschheit von Jahr zu Jahr immer mehr geradezu anspringen, hier festzuhalten. Trotzdem muß an dieser Stelle gesagt werden, daß es nicht der Sinn der Niederschrift ist, die brennende und bedeutungsvolle Problematik unserer Umwelt bis ins Detail darzulegen. Darüber gibt es bekanntlich interessante und aufschlußreiche Bücher, welche dem Menschen die gesamte Problematik der Umwelt mit großem Sachverstand nahebringen.

Ein kommendes System der <u>Facharbeitsgemcin-schaften</u> wird sich eingehend vorzubereiten haben auf diesen gesamten Komplex der Ökologie, um von Fachleuten durchdacht jeweils die besten Lösungen und Ergebnisse zu erarbeiten.

Es ist himmelschreiend, wie sich die Weltwirtschaft in eine fast todbringende Umweltverschmutzung, vor allem in den letzten zwei Jahrzehnten, hineinmanövriert hat. Frevelhaft wurde und wird gesündigt, ob es sich um die Verpackungsindustrie handelt, deren Kosten sich in den letzten 20 Jahren etwa um das 20 fache erhöht haben, oder ob es sich um die gewaltigen Mengen des Müllausstoßes der Schrottautos handelt, die unsere Luft oft unerträglich verpesten, oder ob man die Industrieabwässer verfolgt, die nicht selten unser Trinkwasser gefährden, vor allem aber Pflanzen- und Tierwelt im Wasser.

Die Zerstörung der Wälder

Es ist wiederum nicht die Absicht dieser Niederschrift, in Einzelheiten auf die bedauerliche Zerstörung des Waldbestandes auf unserer Erde einzugehen.

Wie schamlos die Waldbestände auf der ganzen Welt ausgebeutet werden, ist hinreichend bekannt. Allein von dem bekanntlich 5 Millionen Quadratkilometer großen Amazonasurwald werden jährlich 10 Millionen Hektar gerodet. Man sagt voraus, daß dieser Wald bis zum Jahre 2002 vollständig vernichtet sein wird. Ähnliche industrielle Ausbeutung ist in fast allen Ländern mit Waldbeständen im Gange. Zum Beispiel werden die Holzbestände der Wälder in Indien, Malaysia und Indonesien für den Export nach Japan, USA und Europa ausgebeutet.

Eine andere Betrachtungsweise ist die Tatsache, daß in einem Teil der Entwicklungsländer die Wälder zerstört werden, aber aus purem Mangel an Brennstoffen. In den Entwicklungsländern werden 85% der Holzausbeute verbrannt.

Trotz mancher Gesetze und Maßnahmen der zuständigen Regierungen konnte bis jetzt niemand die weltweite, profitgierige Ausbeute des Waldbestandes stoppen.

13.
Über das Christentum

Diese Niederschrift hat sich, wie aus dem bisher Geschriebenen hervorgeht, eine klare Zielsetzung zur Aufgabe gemacht. Man kann nicht umhin, in den Rahmen dieser Zielsetzung das Wirken des Christentums, wie im übrigen auch die Tätigkeit der übrigen Weltreligionen, mit einzubinden.

Die Schaffung von Facharbeitsgemeinschaften kann, wie schon früher betont, nicht abrupt geschehen, sondern nimmt einen Generationsprozeß in Anspruch. Es handelt sich also um einen „sanften" Übergang von der noch bestehenden Regierungsform in die Regierungsform der Facharbeitsgemeinschaft. Die Struktur sowie der innere Aufbau der Facharbeitsgemeinschaften fordern, wie eingangs schon einmal ausgesprochen, kategorisch eine geistige Erneuerung der jungen Generation im Hinblick auf die Gestaltung ihres Lebens.

Im Zusammenhang mit der geforderten geistigen Erneuerung der Jugend müßten sich die Kirche und auch die anderen Weltreligionen mit eingebunden empfinden, denn diese geistige Erneuerung steht im besonderen unter dem Postulat der sittlichen und moralischen Förderung und Stärkung der Jugend. Die neue Regierungsform fordert auch, wie schon einmal geschrieben, ein Zusammenwirken von Familie, Schule und Sport auf der untersten Ebene der Kommunen. – Die Kirchen sind daher nicht nur gefragt, sondern geradezu aufgefordert, ihre Mitwirkung in der geeigneten Form zur Geltung zu bringen.

Inwieweit es gelingen wird, auf die Jugend Einfluß auszuüben, muß den Kirchen überlassen bleiben.

Die Kirchen hatten und haben es im Umgang mit ihren Gemeinden besonders schwer. Die Kirchenaustritte geben ein beredtes Zeugnis. Es darf gesagt werden, daß die Kirche und ihre zweitausendjährige Geschichte bei allen Lobpreisungen auch immer einer Kritik ausgesetzt war.

Es kann ein Beitrag für die Kirchen sein, wenn wir zum allgemeinen, größeren Verständnis Persönlichkeiten sprechen lassen, die dafür prädestiniert sind. Hier einige einschlägige Zitate:

Aristoteles, griech. Philosoph: „Das Wirklichste und Vollkommenste ist die Gottheit."

Plotin, röm. Philosoph: „Die Gottheit, sie ist unendlich, unbegrenzt, unteilbar, unräumlich, unzeitlich, gestaltlos und ohne Beschaffenheit."

Aus der Bergpredigt: „Was du nicht willst, das man dir tu', das füg' auch keinem andern zu ."

Nicolaus Copernicus(1473-1543), er erarbeitete ein wahrhaft revolutionäres Weltsystem, das „Heliozentrische". Aus Angst vor Indizierung und Scheiterhaufen hatte Copernicus sein Lebenswerk, die Veröffentlichung, fast bis zu seinem Tod hinausgezögert. Im Jahre 1616 n. Chr. war das Werk nach langem Streit auf den Index gesetzt worden.

Gotthold Ephraim Lessing (1729-1781), der Pionier der Aufklärung, ein Dichter, der den Wandel vom Alten zum Modernen deutlich machte. Bedauerlich ist der bekannte Briefwechsel und Streit mit dem Hauptpastor Goeze, der hier im einzelnen nicht ausgebreitet zu werden braucht. Schließlich ließ sich Lessing zu folgenden Zeilen hinreißen:

„Schreiben Sie, Herr Pastor, und lassen Sie schreiben, soviel das Zeug halten will; ich schreibe auch."

Friedrich Hölderlin (1770-1843) gerät in Tübingen rasch in Opposition zu den feudalen Institutionen Kirche und Staat. Sein Denken orientierte sich weitgehend an der griechischen Antike. Der Idee des Pantheismus kommen sie (Hölderlin, Hegel und Schelling) näher. Hölderlin hatte in seinem Denken eine unauslöschliche Sehnsucht nach echter, wahrer, menschlicher Religion.

Sören Kierkegaard(1813-1855). Kierkegaard, der Protestant, betrachtete sich dem Protestantismus gegenüber nicht Regulativ, sondern als Korrektiv. Er meint: „Der Glaube kann nur „im Sprung" erreicht werden, der alles natürliche Verstehen hinter sich läßt."

Friedrich Hegel, Philosoph (1770-1831). Hegel spricht „vom absoluten Geist Gottes". Er sagt weiter: „Die Gottheit, die in allem lebt, ist freilich nicht der persönliche, transzendente Schöpfergott im Sinne des Christentums, sondern die Gottheit der Welt."

Gottlieb Fichte (1792-1814). Fichte kommt zu der Erkenntnis und sagt:
„Das absolute Ich geht auf in der Gottheit. Leben in Gott ist frei sein in ihm."

Voltaire, französischer Schriftsteller (1694-1778), ein bekannter Kirchenkritiker, schreibt aber doch u. a..: „Ich bin kein Christ, aber nur deswegen nicht, um ihn, den Gott, um so mehr zu lieben."
Man könnte fortfahren mit einer Vielzahl von Per-

sönlichkeiten, die sich mit der zweitausendjährigen Kirchengeschichte befaßt haben. Die oben angeführten Zitate sollten genügen, sie markieren nachdenkenswert die gegebene Lage.

Es wäre natürlich noch viel Aufschlußreiches über die weiteren Weltreligionen zu sagen, so über die jüdische Religion, die Religion des Islam, die Religion des Buddhismus, die Religion des Hinduismus, die Religion des japanischen Shintoismus, die Lehre des Konfuzianismus und die Lehre des Laotseismus.

Es bleibt das Fernziel, die neue Regierungsform der Facharbeitsgemeinschaften weltweit erstehen zu lassen. Es sollte daher die Aufgabe der bestehenden Weltreligionen sein, das immer noch Trennende zu überwinden, um beim Aufbau der neuen Regierungsform in aller Welt segensreich mitwirken zu können.

Es ist zum Beispiel doch ein erfreuliches Zeichen, daß ein von einem guten Willen getragener Brückenschlag, eine konkrete Annäherung zwischen dem Staat Israel und dem Vatikan in Rom, geschaffen wurde. Die Kirchen in Deutschland und in ganz Europa sind aufgerufen, die Idee der Ökumene mehr und mehr zu verwirklichen, mehr als bisher zu einem gemeinsamen Glauben zu kommen. Wir leben in einer Zeit der Aufklärung und des Fortschrittes, die niemand aufhalten kann. Unseren verantwortlichen Kirchenvätern ist diese Tatsache zwar bewußt, aber ihre Verkündung der „Frohen Botschaft" bis hin zum Dogmatismus der katholischen Kirche findet leider im Blick auf den neuen Zeitgeist, der die Menschen bewegt, zu wenig Berücksichtigung. Sind nicht die Kirchenaustritte ein erschreckendes Signal und zugleich eine zwingende Herausforderung, alles Erdenkliche zu tun, um sich der noch gläubigen Christenheit nicht noch mehr zu entfremden?

Keine Missionstätigkeit:

Da uns das Thema „Kirchenbeschäftigung" eben schon kurz berührt hat, sei noch ein Wort zum Thema „Missionstätigkeit" hinzugefügt. Auch hier sollte gesagt werden, daß es nicht in der Absicht der Niederschrift liegt, sich darüber schriftlich besonders auszubreiten. Es sollte jedoch nicht versäumt werden, zum Ausdruck zu bringen, daß die vorgesehene Schaffung der Facharbeitsgemeinschaften mit einer Missionstätigkeit, so wie sie bisher geleistet wurde, nicht in Einklang gebracht werden kann. Jedes Volk oder jeder Volksstamm hat das angeborene Recht, seinen Glauben zu bewahren. Es ist in dieser Hinsicht doch schon, so wie uns dies die vergangenen zweitausend Jahre aufzeigen, genug Unrecht verübt worden. Diese Volksstämme oder auch Naturvölker fühlen sich in ihrem Glauben und in ihren Riten sicherlich in Zufriedenheit und Glück gut eingebettet. Auch die Religion unterstellt dem Menschen Glaubensfreiheit, im Sinne des geflügelten Wortes „Jeder soll nach seiner Fasson selig werden".

Auch Jesus Christus hat gepredigt, aber nicht missioniert. Jeder Heide, der dann freiwillig kam, war willkommen.

Die Welt ist politisch und wirtschaftlich, nicht immer zum Glück der Menschen, in Bewegung geraten. Hier hätte die Kirche die permanente Aufgabe, mitzuhelfen, Ruhe und Zufriedenheit den Menschen zu bringen. Eine große und dankbare Aufgabe.

14.
Das Bild unserer Weltlage und ihre Konsequenzen

Es war im Verlauf dieser Niederschrift schon einmal die Rede davon, daß Denker aus Politik und Wirtschaft in beachtenswerter und lobenswerter Weise einschlägige Bücher, verbunden mit Statistiken und Erhebungen aller Art, über die prekäre Weltlage geschrieben haben. Bei aller berechtigten Kritik fragt sich jedoch der Leser, wo in aller Welt sind beim Lesen dieser Bücher „konkrete Vorschläge" einer Weltverbesserung zu entnehmen?!

Diese Niederschrift ist nicht nur ein Versuch, sondern die Festlegung für einen ernstgemeinten, konkreten Vorschlag zu einem wirtschaftlichen, sozialen und kulturellen Wiederaufstieg unserer Welt.

Die Signale einer Weltwirtschaftskrise werden doch von Jahr zu Jahr immer deutlicher und hörbarer.

Wie schon wiederholt ausgesprochen: Eine geistige Erneuerung der Menschheit mit der Konsequenz der Bildung einer neuen Charaktergesellschaft stellt sich als zwingende Herausforderung. – Im Privatleben würde nur ein Wahnsinniger bei Bedrohung seiner gesamten Existenz untätig bleiben. Was wird praktisch unternommen, da eine am Horizont sich abzeichnende Weltwirtschaftskrise zu erkennen ist?!

Der leidenschaftliche Trieb, sich Dinge anzueignen und sie unrechtmäßig zu behalten, ist nicht angeboren, sondern hat sich durch die Entwicklung unseres Systems im „Haben-Menschen" geformt.

Albert Schweitzer (der Urwalddoktor) sagte einmal: „Der Mensch des Industriezeitalters ist unfrei, ungesammelt, unvollständig, in der Gefahr, ein sich in Humanitätslosigkeit Verlierender zu werden."

Zwei hervorstechende Ursachen,
die den „Haben"-Menschen
im wesentlichen geformt haben
a) der verhängnisvolle Weltwettbewerb
b) die daraus folgende Korruption auf allen Ebenen

Es ist müßig, im einzelnen aufzuzeigen, die Korruptionen, Verfehlungen und Unregelmäßigkeiten verschiedener Art. Die Tageszeitung liefert ein beredtes Zeugnis davon. Unmittelbar stellt sich die Frage, warum so viele Menschen auf allen Ebenen des Wirschaftslebens so sehr egoistisch handeln, eine Art, die schließlich bis zur Kriminalität führt.

Die Ursachen sind die zügellose Freiheit der Wirtschaft, die zwangsläufig einen verhängnisvollen und unseligen Wettbewerb ausgelöst hat. Dieser Wettbewerb ist nicht nur eine Erscheinung in Deutschland oder in Europa, es handelt sich um einen Wettbewerb, der sich in den letzten zwei Jahrzehnten in allen Ländern, vor allem in den Industrieländern, zu einem heißen, weltweiten Konkurrenzkampf entwickelt hat, eine Struktur, die beinahe zwangsläufig dazu beigetragen hat und noch beiträgt, unter dem Druck des harten Wettbewerbes Korruptionen usw. auszulösen.

So kann und darf sich eine Weltwirtschaft nicht weiterentwickeln.

Kommt ein Welt-Wirtschaftskrieg?

Fraglos hat unsere alte Generation die beiden letzten Kriege, die wie jeder Krieg nur Leid und Elend über die Menschheit gebracht haben, noch in bedrückender Erinnerung. Nie wieder Krieg, fast wie ein Schwur kam es über die Lippen der jüngeren Generation in den ersten Jahren nach dem zweiten Weltkrieg. Alle Zeichen stehen dafür, daß ein Krieg, zumindest ein Krieg größeren Ausmaßes, nicht mehr stattfinden kann, allerdings nur, wenn die Menschheit vernünftig bleibt.

Ist die Menschheit damit wieder nicht zufrieden oder ist sie gar „kriegs-süchtig", denn schon zeichnen sich deutliche Konturen einer anderen Kriegsform ab? Eine Kriegsform, die am Ende nicht weniger gefährlich sein könnte. Es ist erschreckend und ebenso gefährlich, wenn, wie in dieser Niederschrift schon einmal betont, in Fachbüchern und ähnlichen Schriften, Manager und diverse Wirtschaftsführer, vielleicht auch, weil sie vorübergehend ihr Wirtschaftsziel nicht erreicht haben, in unverantwortlicher Weise von einem „Weltwirtschaftskrieg" und von „Wettbewerbsschlachten" sprechen. Wiederum können die bestehenden Parteiregierungsformen, die wir in aller Welt haben, den Wahnsinn eines sich immer mehr abzeichnenden Welt-Wirtschaftskrieges nicht verhindern.

Mit mathematischer Sicherheit steuern wir einem Wirtschaftskrieg zu, der die Menschheit in den Abgrund führen kann. Heute schon stehen sich Europa, Amerika, Japan, die ostasiatischen Länder und China in einem unerbittlichen Wirtschaftskampf in mancher Beziehung fast feindlich gegenüber. Dieser Kampf wird immer härtere Formen annehmen. Eine Wettbewerbsaktion jagt die andere, ein neues Erzeugnis nach dem anderen wird ins Feld geführt und auf den Weltmarkt geworfen.

Sind die Regierungen der Welt, die, wie gesagt, alle von Parteisystemen beherrscht werden, überhaupt noch in der Lage, diesen Weltwirtschaftsvernichtungskampf in den Griff zu bekommen bzw., wenn notwendig, unter Kontrolle zu halten? In der jetzigen Phase ist der Staat gefragt, um der Wirtschaft rechtzeitig und spürbar „auf die Finger zu klopfen". Schließlich wäre es sehr gefährlich, wenn die Öffentlichkeit den Eindruck gewinnen würde, als wäre die Wirtschaft schon ein „Staat im Staate"!

Die Krise der bestehenden Regierungssysteme

Alle Länder und ihre Regierungen wurden in den letzten Jahren „durch-gerüttelt" von Krisen ihres eigenen Parteisystems, meist verbunden mit einem handfesten Skandal. Die Regierungen drohen immer mehr in dem von ihnen selbst errichteten Parteisystem zu ersticken.

Im übrigen greift in der breiten Öffentlichkeit die Rede von einer mehr und mehr sich entwickelnden „Zweidrittelgesellschaft" um sich. Dies würde wohl heißen: „Die Reichen werden reicher und die Armen ärmer."

Müssen sich z. B. auf der einen Seite <u>Milliardäre und Multimillionäre</u> vermehren und auf der anderen Seite <u>jede zweite Sekunde</u> ein Kind verhungern? Sind das nicht schon schreckliche Zeichen und Signale einer „schiefen Lage" unserer Volkswirtschaft?

Unsere dritte Welt

Es bedarf keines besonderen Hinweises, daß die Völker der sogenannten dritten Welt in den letzten zweihundert Jahren, durch die Industrienationen schamlos ausgebeutet wurden. Die Menschen wurden zu billigen Tagelöhnern und Stundenlohnarbeitern degradiert. Leider kann man auch heute noch solche Verhältnisse antreffen. Die Grenzen der Unmenschlichkeit sind damit erreicht. Die Verantwortlichen können fast nie zur Rechenschaft gezogen werden, da sie selbst die Betroffenen sind.

Dieses Problem sollte nur in kurzen Umrissen dargelegt werden. Auf die notwendigen und wichtigen Einzelheiten einzugehen, würde den Rahmen dieser Niederschrift sprengen. Es wird die Aufgabe der zukünftigen Facharbeitsgemeinschaften sein, im Umgang mit der dritten Welt mehr Menschlichkeit walten zu lassen.

Unser Ökologie-Bewußtsein

In dieser Niederschrift wurde schon einmal über das „Ökologische Jahr für junge Leute" geschrieben. Es sei hier gesagt, daß seit den letzten Jahren der Bedeutung der Ökologie immer mehr Beachtung geschenkt wurde.

Mit dem Fortschritt der Technik auf allen Gebieten und der strukturellen Veränderung der Landwirtschaft und damit auch unserer Natur samt ihren Lebewesen hat sich das ökologische Bewußtsein bei der Bevölkerung erfreulicherweise gestärkt. In der Familie, in der Schule, im Sport- und Vereinsleben, überall wird das Problem der Ökologie entsprechend thematisiert.

Das Thema Ökologie stellt sich heute jedem einzelnen. Ob es sich handelt um Umweltbelastung durch Monokultur, durch Abfall und Abgase oder um Zerstörung und Sterben der Wälder, immer sind dabei die Menschen direkt angesprochen.

An dieser Stelle darf auch einmal festgestellt werden, daß der deutsche Staat und die Industrie, im Vergleich zu anderen Ländern, erfreuliche Initiativen entwickelt haben. Aber noch nicht genug, im Hinblick auf die lebenserhaltende Bedeutung der Wahrung einer sauberen Welt. – Auch hier ist zu bemerken, daß nicht vorgesehen ist, dieses bedeutende Thema einer näheren Analyse zu unterziehen.

Es wird auch hier den künftigen <u>Facharbeitsgemeinschaften</u> vorbehalten bleiben, der Zielsetzung der Ökologie besondere Aufmerksamkeit zu schenken.

Die Gewerkschaftsbewegung

Die Gewerkschaften können im Grunde genommen auf eine alte Tradition zurückblicken. Ihre Arbeit verdient daher auch eine Würdigung. Ihre Hauptaufgabe war zu allen Zeiten, die berechtigten Interessen der Arbeiter und Angestellten zu vertreten. Die Durchsetzung ihrer Ziele haben die Gewerkschaften auf allen Ebenen Jahr für Jahr auch weitgehend erreicht. In Zeiten des wirtschaftlichen Aufschwungs konnten die jährlichen Tarifverhandlungen verhältnismäßig harmonisch verlaufen. Jede Seite, Arbeitgeber wie auch Arbeitnehmer, hatten schließlich ihr vorgesehenes Ziel erreicht. Ganz anders in kritischen Zeiten, in den Jahren einer Rezession, so wie wir sie derzeit erleben müssen. Da ist von Kampfabstimmungen, von harten Tarifverhandlungen die Rede. Die Gewerkschaftsführung glaubt, selbst in Zeiten einer Rezession ihre Forderungen nach Lohn- und Gehaltserhöhungen stellen und durchsetzen zu müssen. Auf der anderen Seite hat der Arbeitgeber die Interessen der Unternehmer zu vertreten. Er wird beachten müssen und genau abzuwägen haben, wie weit er den Forderungen der Gewerkschaften entgegenkommen kann, ohne dabei die Betriebe kostenmäßig in Gefahr zu bringen. Rote Zahlen können in einem Betrieb verhältnismäßig rasch geschrieben oder gar die Gefahr einer Insolvenz markiert werden. Wir erleben diesen Zustand bedauerlicherweise in den letzten Jahren zur Genüge. In einer solchen Phase ist kategorisch für beide Seiten ein hohes Maß an Vernunft angesagt. Bei aller Würdigung der Gewerkschaftsarbeit muß hier allerdings festgehalten werden, daß die Gewerkschaftsführung in einer Rezessionslage, wie wir sie derzeit haben, nicht immer das nötige Verständnis aufbringt.

In einer solchen Zeitphase sollten die Gewerkschaften bedenken, daß wir dank ihrer Arbeit an sich das dichteste soziale Netz in der Welt haben und unsere Arbeiter und Angestellten am besten bezahlt werden.

In einer Rezessionsphase ist seitens der Gewerkschaftsführung erhöhte Überzeugungskraft gegenüber den Schaffenden angezeigt, um gerade in einer solchen Zeit weiteren Vertrauenszuwachs zu gewinnen. Man sollte die Denkweise der Schaffenden nicht verkennen; sie sind auch bereit, wenn notwendig verzichten zu können und Opfer zu bringen. In diesem Zusammenhang stellt sich die Frage, ob die Führung der Gewerkschaften etwa Angst vor der Durchführung unpopulärer Maßnahmen hat? Hier ist die Vertrauensfrage angezeigt! Oder wird befürchtet, nicht mehr gewählt zu werden? In diesem Stadium geben die Gewerkschaften dasselbe Bild ab wie die politischen Parteien.

Es ist daher schwer vorauszusagen, welche Rolle die Gewerkschaften nach künftiger Einführung der Facharbeitsgemeinschaften spielen werden. Es ist zu hoffen, daß hierfür eine glückliche Lösung gefunden wird.

15.
Die Menschheit –
Aufbruch zu neuen Ufern

Es besteht Grund genug zu der Annahme, daß alle Zeichen eine Wende unserer Weltpolitik und damit auch eine Wende unserer Weltwirtschaft signalisieren. Es ist dies eine gewagte und gedankenschwere Feststellung. Eine solche Behauptung hat nur dann ihre Berechtigung, wenn sie durch eine felsenfeste Überzeugung untermauert ist.

Die Schaffung der neuen Regierungsformen, die Errichtung der Facharbeitsgemeinschaften ist im Hinblick auf unsere desolate weltpolitische Lage eine brennende Notwendigkeit.

Viele Gründe sprechen dafür. Kommt doch schon die Bezeichnung „Partei" im übrigen aus der lateinischen und englischen Sprache und bedeutet soviel wie „Teil oder Trennung". Man muß sich heute unwillkürlich fragen, warum sich Menschen, die sich für eine Sache versammeln oder eine Vereinigung gründen wollten, dieses unselige Wort „Partei" zugelegt haben. Sie haben sich dadurch doch von vornherein, sicher ungewollt, den Stempel der „Teilung" und den Stempel der „Trennung" aufgedrückt. Und so begann vor 200 Jahren, z. B. in Europa, eine getrennte und geteilte Menschheit, nämlich in der Form eines unseligen Parteiensystems, den Kampf um das Dasein.

Allein in dem Wort Facharbeitsgemeinschaft verbergen sich im Gegensatz zu der Bezeichnung „Partei" ganz andere Begriffe. Das Wort „Facharbeitsgemeinschaft" widerspiegelt das vorgegebene Programm und die Art der Arbeitsweise. Die Silbe „Fach" drückt aus, daß hier Fachleute am Werk sind.

Das darauf folgende Wort „Arbeit" bringt zum Ausdruck, daß nicht langatmige Reden gehalten weden oder monatelanges Parteiengerangel stattfindet, sondern zielbewußt gearbeitet wird. Der Begriff „Gemeinschaft" kommt dadurch zum Tragen, daß Fachleute in Gemeinschaftsgesprächen am besten zu den anstehenden Fach- und Sachfragen kommen können.

Was erwartet unsere Gesellschaft?

Eine allgemeine Unzufriedenheit zeichnet sich in unserer Gesellschaft spürbar und hörbar ab. Die Kritik über das Parteienwesen, um nicht zu sagen Parteienunwesen, nimmt immer deutlichere Formen an. Ob auf der Straße, im Gasthaus, in der Familie oder bei sonstigen Zusammenkünften, um es einmal ganz banal zu sagen, es wird geschimpft und geschimpft.

Man könnte nun sagen, geschimpft wurde doch immer schon, das ist eben eine Eigenart des „Mannes auf der Straße". Nein, es handelt sich nicht nur und auch nicht mehr um ein allgemeines kritisches Gerede, sondern um eine berechtigte und wohlüberlegte Kritik; um eine Kritik, die aus allen sozialen Schichten der Bevölkerung kommt.

Der Ablösungsprozeß durch die junge Generation

Es muß noch einmal gesagt werden, der Ablösungsprozeß durch die vorgesehenen Facharbeitsgemeinschaften kann nur über die nachrückende erste und zweite junge Generation erfolgen. Mit anderen Worten, unsere Enkel und Urenkel werden sich damit zu beschäftigen haben.

Immer wieder wird aus allen Richtungen unsere Politik und Wirtschaft oft leidenschaftlich kritisiert, aber ebenso leidenschaftlich wird im gleichen Atemzug die Frage laut, was und wie man denn etwas besser machen könnte. Wo ist denn „Land in Sicht", wo ist eine politische Kraft, wo eine „Volkskraft", die in der Lage wäre, das Ruder herumzureißen?! Man gewinnt die Überzeugung, daß man „Rufer in der Wüste" bleibt, auch für die Zukunft. Was soll geschehen? Es wurde viel darüber nachgedacht, wie man durch bessere Lösungen unser ganzes Wirtschafts- und Kulturleben auf ein gesünderes Fundament einpendeln lassen könnte. Dabei mußte man zu der Überzeugung kommen, daß eine fundamentale Wende notwendig ist und eine solche nur aus den nachkommenden Generationen erwachsen kann. Und nochmals sei gesagt, aus Generationen, die auch durch ihre fundamental geistige Erneuerung durch die rechtzeitige Einrichtung der Facharbeitsgemeinschaften eine Wende herbeiführen werden.

Die Aufklärungs- und Überzeugungsarbeit:

Um die Idee der Facharbeitsgemeinschaften zu realisieren, muß rechtzeitig ein ungeheurer Feldzug der Aufklärungs- und Überzeugungsarbeit einsetzen. Ein Feldzug der „Tausend-Gespräche", ein Feldzug der umfassenden Information muß auf breitester Grundlage hineingetragen werden in die Bevölkerung. Eine Quelle schriftlicher Art muß gefunden werden, vielleicht ein Verlag, der die Quelle zum Sprudeln bringt, eine Quelle, die mit Überzeugungskraft und Mut einströmt in das Gewissen unserer Gesellschaft. Das Gewissen und nur unser Gewissen muß der Maßstab des Handelns in der Gestaltung der Zukunft sein.

Wie schon einmal gesagt, die Realisierung dieser Idee fällt der Nachwelt zu. Das schließt allerdings nicht aus, sich heute schon damit gedanklich zu beschäftigen und vertraut zu machen. Da sich heute schon knisternd und weltweit ein klägliches Bild des parlamentarischen Parteiensystems darstellt, wird auch, könnte auch die Idee der Facharbeitsgemeinschaften in der Welt Wirklichkeit werden. Deutschland und vielleicht Europa sollte dabei wohl eine „Pilotfunktion" übernehmen.

In diesem Zusammenhang ist sehr interessant und verleiht einer weltweiten Ausbreitung der genannten Idee praktischen Vorschub, wenn man folgenden Zeitungsauszug vom 19. November 1993 zur Kenntnis nimmt:

„Peking (ap). Die chinesische Führung hat die nächsten Schritte ihrer wirtschaftlichen Reformpolitik vorgestellt.

Die Wirtschaftsreformen sollen dafür sorgen, daß sich die staatlichen Unternehmen stärker an den Erfordernissen des Marktes orientieren. Sie sollen sich auch dementsprechend umorganisieren dürfen, beispielsweise in Aktiengesellschaften. Um sicherzustellen, daß die erfolgreichen Unternehmen blühen und die erfolglosen im Wettbewerb verschwinden, sollen Fachleute anstelle von Partei- oder Regierungspolitikern das Sagen bekommen." Soweit der chinesische Zeitungsausschnitt.

Es ist unschwer zu erkennen, daß die chinesische Führung mit ihrem Vorhaben relativ nahe an die Idee der hier festgestellten Niederschrift herankommt. Sie sind offensichtlich bereits schon daran, im Zuge ihrer Wirtschaftsplanung Politiker und Parteileute zur Seite zu schieben und dafür ihre Fachleute einzusetzen.

Sollte diese Tatsache nicht auch Signalwirkung für

uns Deutsche haben, ja auch für Europa, sich möglichst rasch zumindest mit der Vorbereitung der Idee einer Schaffung von <u>Facharbeitsgemeinschaften</u> vertraut zu machen.

Die junge Generation macht den Anfang

Es bleibt der jungen Generation vorbehalten, sich für die Idee vorliegender Niederschrift zu begeistern und möglichst rasch sich damit vertraut zu machen. Wie schon hinreichend gesagt, kann es wohl nicht die Aufgabe der jetzt bestehenden Parteien und ihres Parlamentarismus sein, in diese Aufgabe miteinzugreifen. Die Gründe wurden bereits ausführlich beschrieben.

Es muß an die junge Generation appelliert werden, die mit Elan und jugendlicher Begeisterung auch mit einem Stück Idealismus befähigt ist, die beschriebene Idee voranzutreiben. Es ist anzuerkennen, wenn heute die führenden Politiker beinahe etwas reumütig das Geständnis ablegen, daß „wir über unsere Verhältnisse gelebt haben".

Anderseits aber auch zugleich eine politisch-wirtschaftliche „Pleiteerklärung", denn es ist doch ein großer Widerspruch in sich, wenn, in absoluter Verkennung der Wirklichkeit der eine Teil der Bevölkerung über seine Verhältnisse lebte, der andere Teil jedoch in soziale Not, in die Massenarbeitslosigkeit stürzte. Übrigens auch hier eine weltweite Erscheinung.

Jetzt, da das „Kind in den Brunnen gefallen" ist, versuchen die Regierungsverantwortlichen krampfhaft aus der Rezession herauszukommen. Wieder das gleiche Bild des Versagens unserer Partei-Regierungssysteme auf der ganzen Welt.

Aufruf an die Jugend

Im Blick auf die leidvolle Situation unserer Menschheit und ihrer Weltwirtschaftslage müßten jetzt schon einschlägige Persönlichkeiten den Mut haben und bereit sein, die junge Generation aufzurufen, sich vorzubereiten, daß der Menschheit endlich mehr Gerechtigkeit und sozialer Ausgleich widerfährt.

Es muß und wird sich aus unserer jungen Generation eine Führungsschicht herauskristallisieren, deren Handlungsweise akzeptabel sein wird. Eine Führungsschicht von Wissenschaftlern und anderen Fachleuten, die sich nicht hineinreißen läßt in den Strom der politischen Skandale, Korruptionen, Affären und wirtschaftlichen Verbrechen.

Wir brauchen die schon beschriebene Charaktergesellschaft. Dazu ist die Jugend und vor allem ihre Führung aufgerufen, durch eigenes Vorbild und gerechte Arbeitsweise an der Formung und Gestaltung dieser Charaktergesellschaft zu arbeiten.

Wir brauchen eine der schon besagten geistigen Erneuerungen.

Ihr zentrales Postulat

„Der Mensch im Mittelpunkt allen Geschehens."

Der Mensch solle sich von aller Habgier und Selbstsucht frei machen. Der Mensch im Mittelpunkt allen Geschehens, ja, trotz Fortschritt und Hochtechnologie. Forschung ja, aber nicht im Sinne von spekulativen, profitgierigen Geschäften, sondern ausschließlich nach der Devise: „Alles im Dienste der Menschheit." Einen Wirtschaftskrieg, der seit den letzten Jahren immer erschreckendere Formen annimmt, wird die junge Generation nicht hinnehmen.

Die häßlichen Vokabeln wie „Wettbewerbsschlachten" oder „Weltwirtschaftskrieg" werden dereinst wieder aus dem Vokabularium verschwinden müssen. Wachstum, Leistung wird in unserer Gesellschaft schon bald zum Gebet erhoben. Woher nehmen die hohen Bosse das Recht, immer höhere Leistungen den Schaffenden abzufordern, während andererseits die Zahl der Arbeitslosen sich ins Endlose steigert.

Es stellt sich doch spontan die geradezu banale Frage, wozu der Mensch eigentlich auf dieser Welt ist. Hier muß man doch einer ungeschriebenen Gesetzmäßigkeit folgen und meinen, <u>daß der Mensch arbeitet, um zu leben, aber doch nicht umgekehrt, daß der Mensch lebt, um zu arbeiten.</u> Haben denn unsere Politiker und Wirtschaftsverantwortlichen darüber noch nie ernsthaft nachgedacht? Hier muß man wohl daran erinnern, daß es sich um die Versündigung gegen ein ungeschriebenes Naturgesetz handelt! Die nachkommenden Generationen werden bemüht sein müssen, diesem unsinnigen Treiben und Verlangen mittels ihrer neuen Regierungsform Einhalt zu gebieten. Diese Generationen sehen ihr Lebenswerk in dem Gefühl der <u>inneren</u> Freiheit, Unabhängigkeit, der Identität, ohne Haß und Ichsucht. Es müssen Generationen nachkommen, deren Aktivitäten wieder von einer sittlich-moralischen Vorstellung bestimmt sind. Sie werden eine neue Gesellschaft bilden und gestalten, in der die volle Entfaltung der eigenen Persönlichkeit und <u>der des Mitmenschen</u> möglich sein wird.

Eine <u>vereinte, neue Menschheit</u> muß kommen, die im Gegensatz zu heute, frei von ökonomischen Zwängen, Krieg und sozialen Kämpfen, in Solidarität und Frieden miteinander leben kann.

Die junge Generation und ihre Führungsschicht

werden auch nicht nach profitablen Gesichtspunkten die Schätze und Rohstoffe der Natur willkürlich ausbeuten. Sie wird auch nicht die Natur beherrschen wollen, sondern die Natur als einen Akt der Schöpfung sehen und daher mit ihr, mit dem Gefühl des Respekts, bewußt harmonieren und auch kooperieren.

Rettet die Menschheit

Der Ruf „Rettet die Menschheit" hat in der Tat seine Berechtigung. Es wäre müßig, nochmals das „Warum" und „Wieso" einer Analyse zu unterziehen. Der Inhalt dieser Niederschrift zeigt umfassend auf, daß der Ruf „Rettet die Menschheit" allein der Not unserer verunsicherten Lage entspringt.

Es wird und muß die Zeit der schon einmal beschriebenen sanften Revolution kommen. Eine Revolution, die ausschließlich personellen Charakter haben wird. Diese Revolution wird sich durch die neue Regierungsform der Facharbeitsgemeinschaften „häuten" wie eine Schlange, von Generation zu Generation, bis letzten Endes zu einer Evolution. Sie wird also keinen statischen oder gar dogmatischen Charakter haben. Die inneren Werte der neuen Regierungsform werden sich nicht verändern; die äußeren Formen könnten den jeweils gegebenen Verhältnissen bei Notwendigkeit angepaßt werden.

Als ein Aufruf, aber auch als eine Warnung soll abschließend nochmals, der Bedeutung halber, der Freiheitsbegriff ins Feld geführt werden. Es ist bitter, erleben zu müssen, wie unsere Gesellschaft, ja die ganze Menschheit der „freien Welt" mit dem Begriff Freiheit „überzuckert" wird. Zügellose Freiheit dem Individuum, schrankenlose Freiheit der Wirtschaft und damit dem Wettbewerb, uferlose Freiheit den Medien und Publikationen, freie Fahrt den Glücksspielen und Spielautomaten aller Art markieren das heutige Leben weitgehendst. Die Folgen dieser Art von Freiheit zeichnen sich ab an den bekannten Krankheitsbildern unserer Gesellschaft, und darüber hinaus an der permanenten Steigerung der Kriminalität.

Schon unser großer Denker aus der Zeit der Antike hat erkannt, wohin eine falsch verstandene Freiheit führen kann.

Lassen wir ihn zu Wort kommen, den großen Philosophen Platon (427- 347 v. Chr.):

„Tyrannei" entwickelt sich aus einer Demokratie, wenn Freiheit im Übermaß bewilligt wird. Der Demokrat denkt „Freiheit über alles".

Gleichheit ist die Parole. Anarchie wird Gesetz, und zwar nicht nur im Staat, sondern auch im Privathaus. Eltern, Kinder, Lehrer und Schüler, alt und jung, alle sind gleich. Der Vater fürchtet den Sohn, und der Sohn hat keinen Respekt vor seinen Eltern. Der Lehrer fürchtet die Schüler und schmeichelt ihnen, und die Schüler verachten die Lehrer. Freiheit und Gleichheit wird sogar das Prinzip in den Beziehungen zwischen den Geschlechtern.

Schließlich tolerieren die Bürger keine Art von Herrn über sich. Die Folge ist letztlich Tyrannei. Das Übermaß von Freiheit führt zum Übermaß von Sklaverei, und je größer die Freiheit, desto größer die Sklaverei. (Im achten Buch seines „Staates" Kapitel 562/563)

Diese Worte sind mehr als nachdenkenswert.

Es ist erstaunlich, wie vor fast zweieinhalbtausend Jahren weise Männer Gedanken prägten, die auch heute noch voll bejaht werden können und auch auf unsere Verhältnisse bezogen leider einen, wenn auch zunächst noch im Ansatz befindlichen realen Niederschlag gefunden haben. Es gibt heute schon allein in der Bundesrepublik hundertausende Einzelpersonen sowie Familien, die unverschuldet (Arbeitslosigkeit u.ä.) in finanzielle Schwierigkeiten geraten sind und ihre Bankschulden nicht mehr regelmäßig abtragen können. Der Schuldbetrag wird durch die Bank an ein sogenanntes „Inkassounternehmen" überwiesen.

Von diesem Zeitpunkt an ist der Schuldner diesem Inkassounternehmen ausgeliefert.

Die unselige Situation tritt ein, daß der ursprüngliche Betrag sich von Monat zu Monat, von Jahr zu Jahr durch Zins- und Gebührenberechnung um ein Vielfaches erhöht. Ein Brief nach dem anderen flattert, meist mit dirigistischem und forderndem Inhalt, seitens des Inkassounternehmens ins Haus. Es gibt Familien, die sagen wörtlich: „Wir kommen uns ausgeliefert vor und empfinden uns wie Sklaven." Das Gläubiger-Schuldner-Verhältnis endet nicht selten mit Pfändung oder vor Gericht.

Besteht hier nicht ein unmittelbarer Zusammenhang zwischen den Worten unseres weisen Philosophen und unserer oft traurigen Gegenwart??

Der Charakter unserer Wahlen

Es war ursprünglich nicht die Absicht, darüber zu schreiben, jedoch die stattgefundene Bundespräsidentenwahl gibt erneut Anlaß, die Problematik über das „Parteidenken" nochmals aufzugreifen. Etwa ein Jahr waren die Parteien bemüht, einen entsprechenden Vorschlag, natürlich aus ihrer Partei, zur Wahl für den kommenden Bundespräsidenten zu machen. Selbst um die Wahl des höchsten Amtes der Bundesrepublik hatten die Parteien keine Skrupel in der Art der Durchführung dieser Wahl. Es begann ein schamloses Gerangel, vorgeschlagene Persönlichkeiten wurden wieder zurückgenommen, und die Parteien haben dadurch der Welt nicht nur ein Schauspiel, sondern auch eine politische Blamage sondergleichen geliefert.

Jedermann weiß, daß der Bundespräsident in Ausübung seines Amtes nicht parteiisch denken oder gar handeln darf. Warum, um Himmelswillen, entfachen die Parteien einen regelrechten „Wahlkampf", um ihren Kandidaten durchzubringen? Wäre es nicht ein anständiger und ein sauberer Weg gewesen, wenn sich die Herren Politiker, gleich welcher Couleur, auf eine Persönlichkeit hätten einigen können und damit der Welt zeigen, daß es schließlich hier um die Wahl eines Souveräns geht, eines Souveräns im Sinne einer ausgleichenden, unparteiischen Persönlichkeit? Selbst in der Wahl um das höchste Amt handeln die Politiker und ihre Parteien aus einer etwa zweihundertjährigen „Parteien-Erblast" heraus, die ihnen bedauerlicherweise nicht mehr bewußt ist. Diese Erblast hat den Politiker (Parteimann) im Sinne von Partei unglücklicherweise geprägt, nicht etwa vereinigend, sondern trennend und teilend zu handeln. Er lebt in seiner Parteiabhängigkeit und ist nicht mehr er selbst, er ist nicht mehr Herr, sondern, gewollt oder ungewollt, Knecht, wenn nicht gerade Sklave seiner Handlungsweise. <u>Darin liegt die Tragik der Parteiensysteme weltweit.</u>

Die Struktur unserer Bundesbank

Immer wieder und ganz bewußt ist in dieser Niederschrift die Rede von einer Ablösung des parlamentarischen Parteiensystems und dafür der Gründung von Facharbeitsgemeinschaften.

Der personelle Aufbau unserer Bundesbank ist doch der beste Beweis, daß alles wohl funktioniert, wenn Fachkräfte am Werk sind. Verhältnismäßig wenige Herren und Damen bilden, ausschließlich im Sinne dieser Niederschrift, seit eh und je sprichwörtlich eine Facharbeitsgemeinschaft, die es möglich macht, vorbildliche Arbeit zu leisten.

Es ist ein Segen für unsere Finanzpolitik, daß die Bundesbank vor allem unabhängig von Parteiengerangel ihre Aufgaben erfüllen kann. Es sitzen eben Fachkräfte an einem Tisch, die nicht durch unseligen Parteienstreit ihre Entscheidungen und Lösungen in relativ kurzer Zeit zu treffen in der Lage sind.

Es ist auch geradezu beruhigend, wenn personelle Veränderungen vorgenommen werden. Schon vor längerer Zeit ist z. B. der Präsident der Bundesbank in den Ruhestand getreten. Innerhalb der Facharbeitsgemeinschaft wurde, ohne Streit oder gar Zorn, so wie es nur unter Fachleuten möglich ist, ein Nachfolger bestimmt. Auch auf diesen personellen Vorgang konnten glücklicherweise die Parteien keinen Einfluß ausüben.

Um es nochmals zu unterstreichen, die Deutsche Bundesbank ist im Blick auf ihren Aufbau strukturell und personell ein typisches Beispiel für die Richtigkeit und damit für die Notwendigkeit der Einführung von Facharbeitsgemeinschaften, so wie es in dieser Niederschrift festgelegt ist.

Der demokratische Sozialismus

Wohin steuert die Menschheit? Könnte das Ziel der demokratische Sozialismus sein? Waren wir nicht

Zeugen eines Sozialismus in der ehemaligen DDR? Nein, dort etablierte sich in der Regierung eine Kommandowirtschaft, alle unteren Ebenen politischer oder wirtschaftlicher Art waren mehr oder weniger Befehlsempfänger, dazu ein bis in die letzte Verästelung ausgebauter Staatssicherheitsdienst. Damit war der Mißbrauch der Idee eines realen Sozialismus perfekt.

Der wahre Sozialismus beinhaltet die Idee einer sittlich-moralischen Lehre, verbunden mit Eigenverantwortlichkeit und dem Gefühl der Verantwortung für den Nächsten.

Die junge Generation, sie muß lernen, sie muß es besser machen, sie muß endlich mehr aus der Geschichte lernen. Sie muß auf ihre Stimme des Gewissens hören und ihr gehorchen lernen. Sie wird mehr Entwöhnung und nicht Verwöhnung lernen müssen. Keine Verwöhnung durch falsch verstandenen und falsch gesteuerten Kapitalismus, der uns immer mehr die unglückliche Zweidrittel-Gesellschaft bringt.

Der Jugend stellt sich die große Herausforderung, auf der langen Strecke ihres politischen Weges durch die Realisierung der neuen Regierungsreform von Facharbeitsgemeinschaften der Zukunft, wahre Gestalt zu geben.

Über die atomare Abrüstung zum Weltfrieden

Man kann diese Niederschrift nicht zu Ende bringen, ohne das weltbewegende Thema der atomaren Abrüstungspolitik wenigstens in kurzen Umrissen darzulegen, da das Kernstück unserer Niederschrift im Grunde nur ein Ziel verfolgt, nämlich dem Menschen zu dienen und global den Frieden zu garantieren.

Gerade aber in der Aussage „den Frieden zu garantieren" liegt noch viel Verdächtiges und viel Unsicheres beschlossen.

Es ist natürlich erfreulich, daß durch den Zusammenbruch der Sowjetunion und der übrigen Oststaaten, die unmittelbare Gefahr eines Atomkrieges gebannt ist. Sollten wir deshalb schon alles, was an Ungeheuerlichkeiten ein Atomkrieg für die Menschheit hervorbringen könnte, aus unserem Gedächtnis streichen? Noch existiert die Atombombe, außer in Amerika auch noch in anderen Ländern. Trotzdem kann im Blick auf die gegenwärtige, politische Weltlage von einer gewissen weltweiten Entspannung gesprochen werden. Dennoch, die Menschen dürfen und werden ein Hiroschima und Nagasaki nie vergessen. Daher muß auch im Rahmen dieser Niederschrift erinnert werden an die Folgen und Auswirkungen eines atomaren Krieges.

Der bekannte Wissenschaftler Dr. Franz Alt hat in seinem Buch „Frieden ist möglich" u. a. geschrieben:

<u>Nach einem Atomkrieg:</u>

1. Radioaktiver Staub <u>verseucht</u> die ganze Oberfläche der Erde.
2. Bestimmte Isotope senden Millionen Jahre lang todbringende Strahlen.
3. Die Ozonschicht wird teilweise zerstört. (Sonnenstrahlung)
4. Das Klima kühlt weltweit ab.

Es geht nur noch: um Vernichtung oder Frieden, nicht mehr um Krieg oder Frieden.

Politikfähig ist heute, wer abrüstungsfähig ist.

Unchristlich ist ein Atomkrieg.

Soweit die Äußerungen von Dr. Franz Alt.

Schon im Jahre 1958 hat die <u>Evangelische Synode in Berlin Spandau</u> eine Entschließung mit folgendem Wortlaut herausgebracht: „Der mit Massenvernichtungsmittel, geführte, totale Krieg ist unvereinbar mit dem <u>christliche Gewissen.</u>"

Der Mensch vermag es durch <u>seinen Verstand,</u> die Welt umzugestalten (Wissenschaft-Technik), die Welt wird aber kaum durch seinen Verstand kontrolliert.

Die Forderung der jungen Generation kann im Sinne einer weltweiten Freundschaft nur sein: „Weg mit der Atombombe in allen Ländern, einschließlich Amerika!"

Aufbruch der Menschheit ins neue Jahrtausend

In der vorliegenden Niederschrift wurde aufgezeigt eine Vielzahl von Aspekten, wie ein friedliches Zusammenleben der Menschheit möglich sein könnte.

Nochmals soll kurz zusammengefaßt werden

Alle bisherigen Bemühungen und Versuche, einem Welt- und Wirtschaftsfrieden näher zu kommen, sind bisher gescheitert.

Wollen wir nicht endlich aus der Geschichte lernen, die uns lehrt, daß im Blick auf unsere Weltlage die Durchführung von <u>Reformen</u> weder politisch noch wirtschaftlich nicht mehr „greifen"? Nein, wir brauchen, wie beschrieben, eine <u>Revolution,</u> eine <u>sanfte, personelle Revolution,</u> die durch die nachfolgenden Generationen eine personelle und wirtschaftspolitische <u>Evolution</u> auslösen wird. Dieser Vorgang stellt eine gewaltige, aber auch lösbare Aufgabe dar.

Diese Aufgabe kann nur bewältigt und gelöst werden von den nachkommenden Generationen. Ohne sich zu wiederholen, muß doch nochmals gesagt werden, daß die Jugend mit neuer Geisteshaltung, frei von Ichsucht und Profitgier und mit der Überzeugung, daß die neue, ganz neue Regierungsform der Facharbeitsgemeinschaften der Menschheit eine andere Perspektive, eine bessere Zukunft bringen wird.

Warum soll nicht einmal der Tag kommen, um es etwas bildlich zu schildern, der Persönlichkeiten aus allen Kontinenten an einen Tisch zusammenführt, Persönlichkeiten, denen zunächst bewußt ist, daß sie einer Gattung Mensch angehören. Es braucht dazu keine große Versammlung zu sein, um so effektiver kann sie verlaufen. Ob weiß, schwarz oder gelb und gleichgültig die Zugehörigkeit der Rasse, um es nochmal zu unterstreichen, wir alle sind eine Gattung Mensch.

Diese Geisteshaltung und diese einträchtige Erkenntnis wird ausstrahlen auf alle Länder, um dort in den bereits bestehenden Ministerien (die Struktur der Ministerien braucht nicht verändert zu werden) im Sinne der neuen Regierungsreform der Facharbeitsgemeinschaften segensreich zu wirken. Schließlich wird sich aus dieser Wechselwirkung auch offiziell eine Weltregierung herauskristallisieren und konstituieren können.

Um es nochmals festzuhalten:

Nur auf diesem Wege kann für die Menschheit politische, wirtschaftliche und soziale Ruhe erwirkt werden.

Die Führungsschicht der nachkommenden Generation wird sich „freidenken" von Haß, Gier und Profitstreben, sich auch lösen vom System des Hochkapitalismus (Reicher reicher und Arme ärmer und Zunahme der Multimillionäre, weitere Ausprägung unserer Zweidrittelgesellschaft) und eine Welt-gesellschaft eines sozialen Ausgleiches, eben einen menschlichen Sozialismus schaffen.

Es wird die Zeit kommen, die ein Ende findet mit den unsinnigen und unseligen Wettbewerbs- und Konkurrenzschlachten, so wie sie heute noch z. B. zwischen Europa, Amerika und Japan in menschen-verachtender Weise, getrieben und gepeitscht von wirtschafts- und machthungrigen Konzernen, statt-finden und kaltblütig in Szene gesetzt werden. Au-ßerdem weiß man doch, daß derartige Wirtschafts-kämpfe letztlich auf dem Rücken der Schaffenden ausgetragen werden.

Jeder Kontinent, jedes Land hat seine wirtschaftli-chen Stärken und Schwächen. In den Industriestaaten zeichnet sich dieses heute schon ab.

Kein todbringender Wettbewerb, sondern die Su-che nach einem wirtschaftlich vernünftigen Ausgleich innerhalb der Nationen wird die Devise sein. Außer-dem werden die Regierungen zu überprüfen haben, was wachsen soll und was nicht oder weniger wach-sen soll. Im übrigen werden sich die Regierungen stets von einem Gedanken leiten lassen: „Alle Arbeit im Dienste der Menschheit."

Um es nochmals zu sagen, natürlich werden die gegenwärtigen Politiker und Wirtschaftsführer Front machen und sagen, was hier geschrieben steht, läßt sich unmöglich durchführen, das ist Utopie, Fantasie oder gar Schwärmerei. Solche und ähnliche Kritik wird zu erwarten sein. Es werden vor allem jene „Herren" sein, die es verstanden haben und darin immer noch Meister sind, aus unserem freizügigen, kapitalistischen System mit all seinen Schwächen und Lücken ihre zweifelhaften Millionen zu „machen". Jene Herren fürchten natürlich eine Zeit, die mehr Wahrheit, Ausgleich und Kontrolle bringen wird.

Daher sei abschließend gesagt: unsere Generation wird nicht in der Lage sein, eine Wende herbeizuführen. Ob wir es wahrnehmen wollen oder nicht, unsere Politiker samt ihrem Parteisystem haben sich moralisch und wirtschaftlich in ihr eigenes und ausweglosen Tief hineingehandelt und hineingeredet. Zweihundert Jahre parlamentarische Parteiarbeit sind genug!

Politiker aller „Schattierungen" sollten Mut und Einsicht zeigen und jetzt schon den Weg für die nachfolgende Generation vorbereiten und so in „sanfter Ablösung" der Jugend das Feld überlassen. Es könnte und sollte ein in Würde vollzogener Akt der Generationen sein. Die Jugend wird sicher dem Alter mit Dank und auch mit Freude entgegenkommen.

Und nun nochmals der leidenschaftliche Aufruf an die Jugend der Welt!!

Zukunft wird sich als eine ungeheure Herausforderung offenbaren. – Bereitet euch vor, und „schmiedet" rechtzeitig eure neue Regierungsform der Facharbeitsgemeinschaften, die euch zu „neuen Ufern" führen wird. Die Facharbeitsgemeinschaften werden und müssen, wie ein reinigendes Gewitter einen Aufbruch der Menschheit auslösen.

Mit mathematischer Sicherheit wird das Menschheitsbild in der Zukunft politisch, wirtschaftlich und moralisch einem Verfall gleichkommen, wenn nicht rechtzeitig durch eine sich bildende, wie schon einmal erwähnt, geistige Erneuerung sowie durch eine neue, tragende Staats- und Volkskraft dieser tödlichen Bedrohung unserer Welt Einhalt geboten wird.

Es muß eine junge Führungsschicht nachwachsen, die diese Gefahren rechtzeitig erkennt, den Anfängen wehrt und damit den Triumph über die Neugestaltung und Neuformung einer in die Zukunft weisenden menschlichen Gesellschaft davontragen kann.

Daher nochmals der Ruf an die Jugend der Welt:

Stoßt auf „das Tor in das dritte Jahrtausend", und führt die Menschheit in neuer Geisteshaltung und im gegenseitigen Vertrauen in eine Zukunft des dauerhaften Glücks und Friedens.

Nur so wird die Sehnsucht des „Homo sapiens", des vernunftbegabten Menschen in Erfüllung gehen, und er wird endlich seiner von der Schöpfung ihm zugewiesenen Rolle gerecht werden.

Ende!

Literatur

Bernhard Pollmann: Lesebuch zur deutschen Geschichte – Texte und Dokumente aus zwei Jahrtausenden

a) Germanen und Völkerwanderung Band I/34
b) Die Pfalzordnung Band I/117/118/119/120/121/122/123
c) Friedrich der Grosse Band II/156/157/158/159/160/161
d) Befreiungskriege gegen Napoleon Band II/190
e) Der Deutsch-Französische Krieg Band III/17
f) August Bebel, Staat und Katholizismus Band III/29/30/31/32/33/34/35/36
g) Der erste Weltkrieg Band III/99/100
h) Das Wesen der Opposition Band III/224
i) Die Nürnberger Prozesse Band III/218/219
j) Godesberger Programm der SPD Band III/238/239/240/241
k) Grosse Koalition Band III/250/251/252
l) Kampf gegen die Notstandsgesetze Band III/253
m) Die sozialliberale Koalition Band III/255/256/257
n) Der Grundlagenvertrag zwischen der BRD und der DDR Band III/258
o) Es ist fünf Minuten vor Zwölf Band III/263/264
p) Weder einschüchtern noch erpressen Band III/275/276/277
q) Zehn Gebote des Sozialismus Band III/237
r) Der Mauerbau in Berlin Band III/242/243
s) DDR-Schiessbefehle Band III/245/246

Bundeszentrale für Heimatdienst – Bonn:
Geschichte Rußlands und der Sowjetunion

a)   Ausbreitung der Ostslaven
b)   Zerfall des Kiewer Reiches – Mongolensturm
c)   Vom Großfürstentum zum Zartum Moskau
d)   Das Zeitalter Peter des Großen
e)   Das „goldene" Zeitalter Katharinas II
f)   Rußland im 19. Jahrhundert
g)   Revolution, Bürgerkrieg und Konsolidierung
        der UdSSR
h)   Die Sowjetunion unter Stalins Führung bis
        zum Ende des 2. Weltkrieges
i)   Die Sowjetunion als Weltmacht seit 1945

Stern-Sonderheft: 200 Jahre USA
Rolf Winter: Ami go home

Bundeszentrale für Heimatdienst, Bonn
China - Geschichtlicher Überblick

a)   Der konfuzianische Staat
b)   Die chinesische Kultur
c)   Der Buddhismus
d)   Das Königreich der Chou
e)   Der erst Kaiser von Ch`in
f)   Das Ende der Han
g)   Teilung und Einheit
h)   Wiedervereinigung
i)   Weltreich der T`ang
j)   Erneute Teilung
k)   Der Sung-Staat
l)   Die Mongolenzeit
m)   Das Ming-Reich in Ostasien

n)   Ansätze zu einem chinesischen
        Frühkapitalismus
o)   Die Manchu-Herrschaft
p)   Die Invasion Chinas durch die
        abendländischen Kolonialmächte
q)   Die Reaktion Chinas auf die westliche
        Herausforderung
r)   Die Entwicklung nach 1911
s)   Der Aufstieg der KTM und ihre Regierung
t)   Die chinesischen Kommunisten

Bundeszentrale für politische Bildung, Bonn
I. Die geschichtliche Entwicklung Japans

a)   Das frühe Japan
b)   Das Wachsen einer eigenständigen Kultur
c)   Politische Wirren im späteren Feudalstaat
d)   Die Tokugawa-Periode
e)   Die aussenpolitische Krise und
        Wiedererstärken des Kaiserreiches
f)   Die Meiji-Reformen
g)   Kriegerische Expansion in Asien und Pazifik

II. Die Nachkriegsperiode

a)   Die japanische Verfassung
b)   Das japanische Parteiensystem

Dr. Eugen Drewermann: Der tödliche Fortschritt

Platon: Im achten Buch seines „Staates"

Walter Jens und Hans Küng: Dichtung und Religion

Erich Fromm: Haben oder Sein

Wilhelm Weischedel: Die philosophische Hintertreppe

Franz Alt: Frieden ist möglich

Robert Havemann: Morgen

Joachim Fernau: Die Gretchenfrage

Erhard Eppler: Weg aus der Gefahr

Gert Bastian: Frieden schaffen

Günter Altner: Die Überlebenskrise in der Gegenwart